W0377034

L'EMPATHIE, ÇA S'APPREND

Malene Rydahl

L'EMPATHIE, ÇA S'APPREND

Demandez le programme !

Essai

Les Presses de la Cité

Le Code de la propriété intellectuelle n'autorisant, aux termes de l'article L. 122-5, 2e et 3e a), d'une part, que les « copies ou reproductions strictement réservées à l'usage privé du copiste et non destinées à une utilisation collective » et, d'autre part, que les analyses et les courtes citations dans un but d'exemple et d'illustration, « toute représentation ou reproduction intégrale ou partielle faite sans le consentement de l'auteur ou de ses ayants droit ou ayants cause est illicite » (art. L. 122-4).
Cette représentation ou reproduction, par quelque procédé que ce soit, constituerait donc une contrefaçon, sanctionnée par les articles L. 335-2 et suivants du Code de la propriété intellectuelle.

Les Presses de la Cité, un département Place des Éditeurs
92, avenue de France – 75013 Paris

© Les Presses de la Cité, 2024. Tous droits réservés.

ISBN 978-2-258-20844-5
Dépôt légal : janvier 2024

Avant-propos 9

Partie I. Comprendre l'empathie

1. Qu'est-ce que l'empathie ? 21
2. Comment nous faisons obstacle à l'empathie 29
3. Les pouvoirs de l'empathie 35

Partie II. La France en manque d'empathie

4. La société française en manque d'empathie 63
5. La société française et ses maux 79
6. Malaise dans les entreprises 91

Partie III. Empathique comme un Danois

7. L'apprentissage de l'empathie au Danemark... 99
8. Empathique comme un Danois 123

Partie IV. Enseigner l'empathie en France

9. Pour une école de l'empathie en France.... 141
10. L'empathie en 36 heures 155
11. Pour un management de l'empathie........ 167

Conclusion.. 179
Remerciements 187
Bibliographie indicative 191
Notes bibliographiques..................................... 197

Avant-propos

Je suis née danoise, mais j'aime la France comme mon pays d'adoption. Je n'ai pas peur de le dire : j'aime la France, j'aime sa culture, son inestimable patrimoine, son art de vivre, autant que j'aime les Français et leur constellation de terroirs, de particularités locales qui, unis, font un peuple. En 2015, à la suite des attentats du Bataclan, j'ai choisi d'adopter la double nationalité. Ce choix, je l'ai fait par solidarité à un moment où la France était attaquée au cœur de ses valeurs. Ma volonté était de m'engager pour la société qui m'a accueillie si chaleureusement il y a des années, et c'est toujours ce qui m'anime aujourd'hui au quotidien pour partager et transmettre les valeurs qui m'ont été apprises dans mon pays d'origine, le Danemark.

« L'enfer, c'est les autres. » Selon un récent sondage du cabinet Occurrence*, plus d'un Français sur deux partage ce point de vue. Un résultat qui n'est pas si surprenant lorsque l'on se penche sur celui des dernières élections présidentielles, où près de deux tiers des Français ont fait le choix de voter pour les extrêmes, de droite comme de gauche. À cela s'ajoutent, chaque jour, des phénomènes que nous constatons tous malheureusement : la violence urbaine, la brutalisation du débat public, les attaques *ad hominem* généralisées, la surenchère d'agressivité dans les discours politiques, sur les réseaux sociaux et même en privé, où le ton monte quand il s'agit de l'autre, cet autre qui nous dérange et nous empêche d'être heureux, du moins à nos yeux.

L'autre, c'est celui qui a une façon de vivre, une personnalité ou une vision de la vie éloignées des nôtres. L'autre, en somme, c'est celui qui est différent. Et cette tendance à toujours mettre autrui à distance dès lors qu'on ne se reconnaît pas en lui, à l'anta-

* Occurrence, « Les Français et l'empathie », sondage réalisé en juillet 2022 auprès de 1 000 Français.

goniser, à le rejeter, n'est pas qu'un simple souci d'individu à individu ou un poids psychologique, mais aussi un immense problème collectif, source de tensions et de conflits sociaux permanents. Comme le chante Orelsan dans « L'odeur de l'essence », la peur de l'autre génère toujours plus de divisions, qui entraînent à leur tour des conflits plus ou moins violents… rendant la situation explosive. En effet, comme le montrent les résultats du sondage cité plus haut, pour beaucoup de Français, l'autre, celui qui n'est pas d'accord avec moi, celui qui ne vote pas comme moi, celui qui ne pense pas comme moi, est perçu comme quelqu'un qui entrave mon bonheur. Qui empêche la victoire des idées que je défends, du monde que j'attends.

Le constat est le même dans les entreprises : l'idée que le problème vient de l'autre est très répandue. Il suffit qu'un collaborateur ait des convictions ou un point de vue qui ne correspondent pas à notre vision des choses pour que l'on se mette à voir en lui un rival, ou même un ennemi. Et ce problème n'est pas neutre, on estime qu'un manager ne consacre pas moins de 40 % de son temps à gérer des incompréhensions et des conflits. 85 %

déclarent même gérer des conflits régulièrement, et parmi eux 36 % estiment cette gestion comme étant très fréquente ou constante. Ces conflits relationnels peuvent être directement mis en lien avec la grande crise qui touche actuellement les entreprises, en France, mais aussi dans le monde : grande démission, pénurie de main-d'œuvre, ou *quiet quitting*[1], un phénomène prégnant particulièrement chez les jeunes qui consiste à faire le minimum de travail sans engagement particulier.

76 % des employés français ont ainsi le sentiment d'être en burn-out au moins occasionnellement, 30 % éprouvent un sentiment d'insécurité et 24 % se disent « à bout de forces » (Opinion Way, 2022). Par ailleurs, 43 % d'entre eux estiment que leurs entreprises ne prennent pas assez en compte les situations de souffrance psychologique vécues par leurs salariés (Malakoff Humanis, 2021). La crise est telle qu'aujourd'hui 94 % des Français se disent désengagés dans leur travail et 55 % prêts à quitter leur emploi[2].

À l'origine de cette crise, qui affecte profondément la performance des entreprises, se trouve l'absence de prise en compte de la dimension humaine. Une récente étude de BCG[3] confirme que les quatre qualités les plus importantes qui caractérisent un bon dirigeant viennent du « cœur » : la reconnaissance, l'accompagnement, l'empathie et la bienveillance. Bien souvent, ces qualités sont négligées.

Lors de mes formations, j'entends souvent : « L'empathie, c'est pour les Bisounours et ça ne sert à rien. » Pourtant, si seuls 28 % des Français estiment que leurs concitoyens en font preuve, 92 % considèrent l'empathie comme une bonne chose. Ce sondage (mené par Occurrence) exprime un manque et un besoin : manque d'empathie et besoin d'apprentissage. Car, oui, l'empathie s'apprend.

Pour comprendre ce déficit d'empathie, il faut retourner sur les bancs de l'école. C'est précisément là, dans les salles de classe, au milieu des cours de récréation, dans les gymnases, que tout commence. C'est là que nous faisons notre première expérience d'autrui. Dès 5 ans, l'enfant est capable de comprendre que les autres ne pensent pas comme lui, que sa vision du monde peut diverger de celle de certains de ses camarades. Dans ce processus, l'école a donc une responsabilité première : accompagner le développement de l'enfant, l'aider à se forger une capacité d'écoute et de compréhension. Force est de constater qu'aujourd'hui, en France, ce n'est pas (encore) le cas. Combien d'enfants retournent à l'école le lundi matin sous la contrainte parentale, en traînant les pieds ? Par peur des autres ? Du regard des autres ? Quand on les écoute, ils se plaignent de se sentir jugés. Le simple fait de qualifier de « bons » ou de « mauvais » les élèves révèle que leurs craintes sont bel et bien fondées.

L'empathie doit stimuler l'intelligence émotionnelle, la curiosité et l'ouverture d'esprit chez les élèves, autant qu'elle doit leur apprendre à manier le théorème de Pythagore. L'école ne doit pas se tromper dans ses objectifs. L'empathie est indispensable au progrès humain et à la société, c'est l'outil du vivre-ensemble.

Pour développer des relations solidaires et respectueuses avec les autres malgré toutes nos différences, grandir en tant que citoyens, individus, travailleurs, impossible de faire sans l'empathie. Une étude[4] menée par Qualtrics démontre que dans les entreprises où les managers font preuve d'empathie, les employés sont à 61 % enclins à innover et à

76 % enclins à s'investir dans leur mission, contre 13 et 32 % dans le cas contraire.

Dans mon pays d'origine, le Danemark, on cultive l'empathie à l'école dès l'âge de 6 ans. On apprend l'intelligence émotionnelle. On apprend à se connaître soi-même pour mieux comprendre et accepter les autres. On y apprend aussi à faire confiance, à se sentir légitime, et donc à partager ses opinions et ses idées sans crainte. On y apprend à faire société. Ce sont des compétences essentielles pour créer un climat psychologique où la confiance, le respect et l'ouverture sont favorisés – ce que j'appelle la sécurité psychologique –, dans lequel les élèves se sentent libres de poser toutes leurs questions et osent répondre sans avoir peur de l'erreur ou de l'échec, ou d'être jugés.

Et cela fonctionne : en 2021, 91 % des élèves danois déclarent être en situation de bien-être général, et 95 % disent se sentir acceptés comme ils sont. Alors, d'autant plus lorsque l'on sait que le Danemark est également l'un des pays les plus heureux au monde, il paraît plus que pertinent de considérer le modèle danois comme un exemple à suivre.

L'empathie est un pont qui nous lie à l'altérité. Elle ne divise pas, elle relie. Comprendre et se mettre à la place de l'autre permet d'entretenir dans les relations une forme de « douceur rationnelle ». Le français a un joli mot pour cela : la mansuétude. L'empathie remplace le jugement de l'autre par une constatation, une acceptation ou, encore mieux, une appréciation.

Il est urgent de cultiver une intelligence sociale, à la fois individuelle et globale. Force pour la société, l'empathie est aussi une force pour soi, car c'est avec elle que l'on apprend à agir pour les causes qui nous sont chères, et non pas « contre » les autres. On connaît tant de professionnels de l'opposition, tant de personnes qui se lèvent pour lutter « contre », et si peu pour lutter « pour ». Beaucoup perdent leur temps à faire la guerre contre les autres et y gaspillent leur énergie. À l'heure des enjeux planétaires, qui supposent d'agir *pour* et *avec* les autres, il est plus qu'urgent de cultiver une intelligence sociale, à la fois individuelle et globale. Voilà donc ce qu'est l'empathie. Une force.

Ma décision d'adopter la nationalité française allait de pair avec l'envie de construire un pont entre deux cultures et mon engagement pour améliorer le bien-être des individus dans la société. L'école est un pilier de ce bien-être, un véritable moule dans lequel se forgent les compétences d'aujourd'hui et de demain. Lorsque j'ai commencé à effectuer des recherches sur le bien-être et l'empathie, il y a plus de dix ans, défendre la création de cours d'empathie m'a semblé être une nécessité. Durant les cinq dernières années, j'ai tenté de trouver des interlocuteurs, en France, auprès de différents ministères. Cependant, mes demandes sont restées pour la plupart lettre morte, jusqu'à ce que le rectorat de Paris considère avec attention mon projet et le soutienne. Je ne suis pas du genre à abandonner les idées auxquelles je crois, et il existe après tout d'autres solutions pour se faire entendre. C'est ainsi qu'est né le projet de ce livre.

Mais l'actualité a changé. Récemment, une série de drames humains, des suicides de jeunes élèves à la suite de problèmes de harcèlement, ont poussé le ministère de l'Éducation nationale à repenser ses moyens de lutte contre les phénomènes de violence et de rejet de l'autre. C'est ainsi que Gabriel Attal, actuel ministre, s'est intéressé à la question des cours d'empathie au Danemark. Quelques jours seulement après avoir assisté à ces fameux cours, il a annoncé la création de ces mêmes cours dans les établissements scolaires français dès la rentrée 2024. C'est un pas énorme vers l'empathie qu'il convient de consolider.

Ce livre, fondé en partie sur mes observations et mon regard de Danoise, défend la création d'une société plus empathique. Plus exactement, il explique en quoi l'empathie enseignée à l'école, et diffusée à toutes les échelles de la société, notamment dans le domaine professionnel, contribue à une société plus bienveillante, plus compréhensive, plus unie et plus performante. Le vivre-ensemble n'est pas un fardeau, c'est un horizon. Les enjeux du XXIe siècle ne sont pas seulement techniques, écologiques mais aussi humains : coopération, solidarité, inclusion, bienveillance et confiance – en soi, en les autres et en l'avenir. Et rien de tout cela ne sera envisageable si nous ne commençons pas dès maintenant à cultiver notre sens de l'empathie.

I
Comprendre l'empathie

1
Qu'est-ce que l'empathie ?

Il me semble essentiel de commencer par définir l'empathie pour éviter tout malentendu par la suite, car comme nous le rappelle l'écrivain Bernard Werber dans l'*Encyclopédie du savoir relatif et absolu* : « Entre ce que je pense, ce que je veux dire, ce que je crois dire, ce que je dis, ce que vous avez envie d'entendre, ce que vous croyez entendre, ce que vous entendez, ce que vous avez envie de comprendre, ce que vous croyez comprendre, ce que vous comprenez… il y a dix possibilités qu'on ait des difficultés à communiquer. »

La définition la plus fréquente de l'empathie est « se mettre à la place de l'autre », c'est même une définition reprise par le Petit

Larousse dans les termes suivants : « Faculté intuitive de se mettre à la place d'autrui, de percevoir ce qu'il ressent. » Pour ma part, j'irais encore plus loin en disant que l'empathie est une intelligence qui permet de voir, de comprendre et d'accepter les autres de manière émotionnelle et cognitive.

On confond souvent, à tort, l'empathie avec la compassion ou la sympathie. Ce sont pourtant des notions très différentes. La compassion désigne l'émotion qui s'empare de nous face à l'état émotionnel de l'autre – sa douleur ou sa joie –, qui tout à coup devient aussi le nôtre : je ressens ce que l'autre ressent comme si nous habitions le même corps. La sympathie se résume plutôt à une forme de participation aux émotions (positives ou négatives) de l'autre. C'est être conscient et attentif à ce que vit l'autre sans pour autant prendre son émotion en charge soi-même. Cela peut consister en un geste affectueux, une marque d'attention, comme apporter un thé chaud à une personne malade ou encore envoyer des fleurs pour féliciter une amie.

Il y a cela dit une confusion encore plus importante au sujet de l'empathie, que l'on interprète le plus souvent avec sa définition courante, « *se* mettre à la place de l'autre ». L'empathie, ce n'est pourtant pas tout à fait cela : quand une personne *se* met à la place de l'autre, elle tombera presque à coup sûr au moins un peu à côté, puisque nous ne sommes jamais totalement l'autre. L'empathie ne consiste donc pas à « se mettre » d'autorité à la place de l'autre, il s'agit plutôt de le *comprendre*. Cette intelligence émotionnelle nous permet de mieux nous entendre avec autrui et de cultiver de bonnes relations, basées sur la tolérance et le respect.

Pour être encore plus claire, il y a trois formes d'empathie qui me semblent importantes à mettre en avant : l'empathie émotionnelle, l'empathie cognitive et l'empathie sociale.

Les trois empathies

D'abord, il y a l'*empathie émotionnelle*, que l'on retrouve aussi parfois sous le nom de « contagion émotionnelle ». Cette forme d'empathie est la plus connue, la plus intuitive. C'est la capacité de créer un sentiment de proximité avec l'autre, qui vous permet de le comprendre et de ressentir son état émotionnel. Vous êtes avec un ami qui est triste à cause d'une rupture amoureuse, et même si tout va bien dans votre propre relation, vous êtes capable de comprendre, de ressentir sa peine et d'avoir des mots ou des gestes pour le consoler. De même face à un collègue qui a l'air triste car il n'a pas eu la promotion espérée ; bien que vous ne soyez pas dans sa situation, vous pouvez imaginer et comprendre sa déception sans le juger par rapport à votre potentielle réaction dans une situation similaire.

Ensuite vient l'*empathie cognitive*, ou « mentalisation », une approche liée à la théorie de l'esprit*, qui est davantage fondée sur une forme de rationalité ou de raison. Il s'agit de notre capacité à comprendre les perspectives et les sentiments de l'autre. À nous représenter des états mentaux. Votre meilleure amie vous annonce qu'elle a décidé de

* La théorie de l'esprit est un concept clé en psychologie et en sciences cognitives, se référant à la capacité cognitive fondamentale de comprendre et d'interpréter les états mentaux, les pensées, les croyances, les intentions et les émotions d'autres individus, ainsi que de reconnaître que ces états mentaux peuvent différer des nôtres.

partir vivre à la campagne alors que vous êtes un pur citadin qui aime l'effervescence des grandes villes. L'empathie cognitive vous permet de décrypter son raisonnement sans vouloir imposer vos propres préférences. C'est une capacité d'écoute de grande qualité, très utile dans des réunions professionnelles, où l'écoute et la compréhension des idées des autres contribuent fortement à l'innovation et à la performance. Le fait de se sentir écouté et compris donne une impression de considération et de sécurité psychologique qui sont essentielles à une équipe.

Enfin, il y a l'*empathie sociale*, qui est un peu l'association des deux autres types d'empathie, mais au sein d'un groupe de personnes ou, à une plus grande échelle, de la population d'un pays. C'est la capacité de comprendre et d'anticiper des dynamiques sociales. Cela vaut, par exemple, dans le cadre d'un groupe de travail. Les gens sont réunis dans une même pièce, mais avec des personnalités et des perspectives très différentes. Il peut y avoir par exemple des gens de milieux modestes, des intellectuels, des personnes timides ou encore des ego bien trempés. L'empathie sociale vous permet de voir et de comprendre chaque membre de l'équipe et de créer une dynamique qui favorise la collaboration et la compréhension entre les membres.

Personnellement, ce que je trouve intéressant dans l'apprentissage de l'empathie, c'est sa faculté à réduire les conflits et à améliorer nos relations pour mieux vivre ensemble. Car c'est précisément quand nous sommes face à une personne à laquelle tout nous oppose que l'empathie devient un outil de vie indispensable et très efficace.

Les neurones miroirs

Revenons quelques instants sur les origines de cette notion. L'empathie est directement issue[1] de l'*Einfühlung*[2], un concept né parmi les romantiques allemands au milieu du XIXe siècle, traduit abusivement par « empathie », et qui désigne au départ la façon dont l'œuvre d'art va faire circuler des émotions chez le spectateur, ou encore la relation esthétique entre le sujet et l'objet et le fait de sentir de l'intérieur l'émotion esthétique. Très vite, l'empathie, dont on aperçoit le potentiel interprétatif, est incorporée à la psychologie par

Theodor Lipps et Edward Titchener*, qui lui donnent son sens actuel.

Considérée comme une faculté « instinctive », ayant besoin d'être cultivée pour être activée, l'empathie est au cœur de la recherche cognitive. Elle s'est enfin imposée comme un objet d'étude « sérieux » depuis la formalisation de la théorie de l'esprit et la découverte des neurones miroirs** par l'équipe de

* Theodor Lipps (1851-1914) était un philosophe et psychologue allemand. Il est surtout reconnu pour ses travaux sur la psychologie de la perception et de l'esthétique. Lipps a introduit le concept d'*Einfühlung* dans la psychologie, soulignant l'importance de la compréhension des expériences des autres pour notre propre expérience et perception du monde. Il a influencé la psychologie du développement, la psychologie de la perception et a contribué à la théorie de l'empathie. Edward Titchener (1867-1927) était un psychologue britannique, bien qu'il ait mené une grande partie de sa carrière aux États-Unis. Il est surtout connu pour avoir introduit le structuralisme, un mouvement qui visait à analyser la structure de l'esprit en examinant ses composantes de base. Ces deux figures majeures ont contribué à façonner la psychologie en mettant en avant des idées et des méthodes qui ont eu un impact significatif sur la manière dont nous comprenons le fonctionnement de l'esprit et du comportement humains.

** Cherchant à enregistrer le fonctionnement des neurones chez le singe en train de manger des graines, l'équipe du professeur Rizzolatti s'aperçoit que les mêmes neurones se mettent en marche lorsque le singe mange et lorsqu'il observe des individus manger. Lire à ce sujet l'intéressant ouvrage de Jeremy Rifkin, *Une nouvelle conscience pour un monde en crise : vers une civilisation de l'empathie*, Les Liens qui libèrent, 2011.

Giacomo Rizzolatti, professeur de neurobiologie à l'université de Parme. Ces neurones, qui s'activent aussi bien lorsque l'individu exécute une action que lorsqu'il en est témoin, pourraient en effet expliquer notre capacité à nous mettre à la place d'autrui. Il y a peu, le professeur Nicolas Danziger, neurologue et chercheur à l'hôpital de la Pitié-Salpêtrière, à Paris, s'est ainsi rendu compte que des patients souffrant d'une insensibilité congénitale à la douleur et qui, par conséquent, n'ont jamais ressenti la moindre douleur physique de leur vie, sont capables de comprendre, et même de ressentir, à distance, la douleur d'un autre[3]. Les recherches se poursuivent[4] donc pour tenter de mieux comprendre le fonctionnement de cette intelligence si particulière.

2
Comment nous faisons obstacle à l'empathie

Dans la vie de tous les jours, plusieurs obstacles limitent notre capacité à voir, comprendre et accepter l'autre. Et nous sommes nous-mêmes bien souvent l'un des premiers obstacles à l'empathie. Deux processus sont à l'œuvre, celui des « ombres », et celui de la « collection de preuves ».

Nous avons tous des ombres

Commençons par une petite expérience. Essayez de vous rappeler la dernière fois que vous avez été en colère contre une personne ou que vous avez trouvé son comportement insupportable, voire inacceptable. Il s'agit de ce que l'on appelle une ombre, concept élaboré par le psychanalyste Carl Jung[5] pour désigner cette partie sombre de soi, le plus souvent inconsciente, que l'on n'accepte pas et que l'on projette sur l'autre.

Nous avons tous nos ombres. J'entends souvent dire : « Je n'aime pas les gens égoïstes », « Je ne supporte pas les bobos », « J'ai horreur des politiques »…

Essayez maintenant de dresser la liste des défauts qui vous semblent rédhibitoires. Chez l'autre, vous ne voyez qu'ombre partout, lumière nulle part. Vous ne voyez que cela et, pourtant, vous ne voyez rien. Nous sommes esclaves de nos ombres, et la forte colère qui émerge face à une personne ou une situation qui représente l'ombre nous pousse à réagir de manière radicale sans aucun compromis possible. Nous sommes extrêmes quand il s'agit de nos ombres, incapables de voir la nuance, et surtout incapables de nous mettre à la place de l'autre ou même de simplement essayer de le comprendre.

C'est évidemment un obstacle important pour qui cherche à faire preuve d'empathie.

De manière générale, nos croyances, fondées sur nos valeurs et nos expériences personnelles, influencent très fortement notre perception du monde, des autres et de nous-mêmes. Nous développons même des certitudes sur notre vision des choses qui la confortent, en collectionnant les arguments qui vont dans son sens, et uniquement ceux-là.

Nous collectionnons des preuves

Voilà un autre processus déterminant dans notre difficulté à faire preuve d'empathie : la « collection de preuves », dont nous faisons l'expérience chaque jour. Selon une étude, notre cerveau reçoit 11 millions d'informations chaque seconde[6], qu'il est bien entendu incapable de traiter en totalité. Notre cerveau va donc trier et sélectionner les informations disponibles, selon nos croyances et nos valeurs, pour n'en retenir que 40 par seconde.

Notre réalité vécue n'est qu'une parcelle, un détail. D'une certaine façon, notre cerveau flatte nos certitudes. Et nous allons ignorer toutes les observations qui pourraient nuancer ou contredire notre perception de la réalité. Ce système cognitif fonctionne un peu comme les algorithmes de Google, en ne proposant que ce qui correspond à notre vision des choses. Comme le souligne Gérald Bronner dans *Apocalypse cognitive : la face obscure de notre cerveau*[7] au sujet de notre utilisation d'Internet, « plus il existe d'informations disponibles, plus il est aisé d'en trouver au moins une qui confirme nos croyances ». Et je pense, à ce titre, qu'il y a un lien fort entre la radicalité de la société actuelle, évoquée dans l'avant-propos, et la place croissante occupée par Internet et les réseaux sociaux dans notre quotidien. Tous les algorithmes sont en effet conçus pour proposer aux utilisateurs des contenus en lien avec leurs centres d'intérêt. Or, les enfants sont souvent les plus exposés au risque « algorithmique » qui trouble la perception du réel. L'école doit donc leur offrir les moyens de se protéger contre ce danger. Et là encore, l'empathie est la clé, car elle permettra de les armer pour faire face à la société de demain, en les invitant à toujours dépasser leurs premières perceptions du monde.

Plus nous sommes persuadés de quelque chose, plus nous allons avoir tendance à renforcer notre certitude et agir contre toute idée qui la contredit. En nous opposant avec force à l'autre en pensant avoir raison, nous le braquons, pour finir par créer une tension ou un conflit. Personne ne gagne cette bataille, sauf la radicalité. Nos croyances de départ fonctionnent ainsi, comme des prophéties autoréalisatrices. Ce que nous croyons, nous le créons. Or, en tant qu'intelligence, l'empathie encourage l'ouverture d'esprit. Elle ouvre sur l'autre, implique de chercher à le comprendre, de relativiser son regard, ses croyances, ses certitudes. D'accepter la pluralité des opinions et des perceptions de la « réalité ». Elle est un antidote pour rompre avec ce cercle vicieux.

3
Les pouvoirs de l'empathie

L'empathie est une méthode plus qu'une fin ; une méthode à dimension individuelle et collective. C'est grâce à l'empathie que je peux agir pour ce que je veux fondamentalement défendre. Depuis toute petite, j'ai toujours admiré ceux qui changent le monde malgré tous les obstacles sociaux, économiques, philosophiques qu'ils rencontrent, ceux qui poursuivent leur route et parviennent à réinventer, sinon le monde, du moins l'une de ses facettes. Comme par exemple Thomas Edison, Charles Darwin ou encore Bill Gates. Ils tracent leur voie. Ils défendent leurs idées. Sans évidemment me comparer à eux, je veux pour ma part défendre l'empathie. À mon niveau, aussi modeste soit-il. Certains, tel Paul Bloom, ont écrit contre l'empathie[8], estimant que celle-ci représente un danger moral et politique. Je reviendrai sur ces questions, mais je veux que l'on comprenne bien mon idée. En un mot : se comprendre, comprendre l'autre, c'est agir toujours au mieux pour la collectivité.

Ceux qui ont changé l'Histoire, les grands personnages politiques, je pense notamment à Gandhi et à Nelson Mandela, ne sont-ils pas des exemples d'empathie ? Quelles que soient les épreuves et les oppositions brutales auxquelles ils ont dû faire face, tous ont poursuivi leur combat « pour », sans tomber dans le piège de la haine de l'autre. Même après vingt-sept ans d'emprisonnement, Nelson Mandela est resté fidèle à ses valeurs, faisant preuve d'une empathie sans égale. Il était l'incarnation même de ma formule « voir, comprendre et accepter l'autre » pour créer un espace de dialogue et non attiser le conflit. « Pour faire la paix avec un ennemi, écrit-il dans *Un long chemin vers la liberté*[9], on doit travailler avec cet ennemi, et cet ennemi devient votre associé. »

Cet autre qui nous dérange, cet autre indésirable, cet autre qu'il est si facile de prendre comme cible ou rendre coupable de nos malheurs. Alors que lorsque nous sommes capables de nous ouvrir à l'autre avec empathie, notre monde grandit. Nos agacements, nos frustrations ou même notre haine s'apaisent. J'ai longtemps eu peur des bandes de rockers présentes dans les grandes villes du Danemark, dont Copenhague et Aarhus. Leur look si distinctif, avec leurs corps très musclés, tatoués outrageusement, leurs vestes en cuir et, bien sûr, le bruit de leurs grosses motos qui envahissaient les rues venaient me confirmer le bien-fondé de mon sentiment à leur égard. Jusqu'au jour où je me suis retrouvée assise à côté de l'un de ces rockers dans un train. Nous avons échangé pendant des heures et je l'ai écouté avec le cœur ouvert. J'ai vu la personne, j'ai compris (et non jugé) ses raisons d'agir et d'être, et j'ai tout simplement accepté sa manière à part entière de voir le monde et de s'exprimer. Ma zone de confort a été élargie parce que ma compréhension a évolué. Quand je croise ces rockers aujourd'hui, je pose désormais sur eux un regard de curiosité et de bienveillance, car je sais combien les histoires humaines qui se trouvent derrière chaque individu sont souvent fragiles et sensibles. Découvrir l'autre, le voir, le comprendre et l'accepter, c'est se découvrir soi et faire grandir son monde.

Réalité plurielle

Dans le film *The Best of Enemies,* réalisé en 2019 par Robin Bissell, Claiborne Paul Ellis, chef local du Ku Klux Klan à Durham (en Caroline du Nord), est forcé de coprésider avec une activiste afro-américaine des droits civiques, en pleine période de ségrégation raciale aux États-Unis, un sommet communautaire sur la déségrégation des écoles à la suite d'un incendie. Pour faire simple, l'enjeu est de décider, ou non, de l'inclusion d'élèves noirs, dont l'école a brûlé, dans des écoles réservées aux Blancs. C. P. Ellis est ce que l'on appelle un raciste. Son ombre, au sens jungien du terme évoqué plus haut, c'est la communauté afro-américaine, à laquelle il ne reconnaît que des défauts et qu'il aimerait maintenir, autant que possible, séparée de la communauté blanche. Comme un ennemi. A-t-il pris le temps de connaître cette communauté afro-américaine ? Ellis est aveugle : son ombre l'empêche de percevoir, dans sa complexité, la réalité. Il déteste par ignorance, parce que, ne voyant rien, ne faisant pas l'effort de la connaître, il ne peut comprendre cette communauté oppressée. Finalement, c'est grâce au dialogue instauré par le comité entre lui et une représentante des Afro-Américains que le membre du KKK va progressivement ouvrir les yeux. Il finit par voir, comprendre, et accepter. Ellis devient empathique. L'histoire réelle de cet ancien chef local du groupuscule d'extrême droite devenu syndicaliste et militant des droits civiques rejoint toutes ces grandes conversions, aussi inattendues que bienvenues, à la tolérance et à l'acceptation.

Oui, l'empathie peut transformer positivement, car tout, je veux dire notre existence, dépend du regard que l'on porte sur les choses, un peu comme dans cet autre grand film, *Gran Torino*, de Clint Eastwood. Le réalisateur et acteur y incarne le personnage de Walt Kowalski. Walt est un vétéran de la guerre de Corée, un homme âgé et endurci par la vie. Il est veuf, a travaillé des années dans une usine, et habite un quartier désormais principalement occupé par des immigrés d'origine asiatique, pour la plupart des Hmong. Walt Kowalski est présenté comme un homme amer et raciste, marqué par la guerre et le changement démographique de son quartier. Au fil du film, cependant, il évolue en développant des liens avec ses voisins hmong, en particulier avec un jeune garçon nommé Thao et sa sœur Sue. Walt devient peu à peu un mentor pour Thao, l'aidant à faire face aux gangs violents qui tentent de recruter le jeune homme. Ce qui a changé ? Un lien nouveau s'est tissé entre Walt, Thao et Sue. Un lien fondé sur la reconnaissance et la compréhension. Sur la bienveillance… Un lien d'empathie.

Convictions contre certitudes

Pour poursuivre sur cette question de notre capacité à faire obstacle à l'empathie, je tiens à souligner le caractère contre-productif de la colère que l'on déploie pour imposer ses certitudes. Pourquoi ?

J'ai parlé des ombres et de la collection des preuves que nous faisons sur nos propres croyances. Souvent ces mécanismes finissent par créer chez nous des certitudes sur notre manière de voir le monde, les autres et nous-mêmes. Prenons l'exemple de cet ami qui nous parle de politique avec des airs suffisants, et nous raconte des choses qui nous semblent aberrantes (par exemple, « il est temps d'en finir avec les riches », ou bien « avec les immigrés », etc.), par rapport à ce que nous considérons être la « vérité ». Cela nous met hors de nous, et nous répondons avec une certaine colère. La réaction en face n'est que rarement un remerciement chaleureux et notre interlocuteur ne va pas subitement changer d'avis. C'est tout le contraire : il va renforcer sa position pour se défendre. Sa pensée, en réaction à la nôtre, comme une substance chimique inflammable, devient incendie. Elle se radicalise. Cette personne était de centre droit, la voilà d'extrême droite. Elle était de gauche, la voilà convertie au stalinisme…

Lorsque j'ai commencé mes cours sur le bien-être et la performance, fondés sur la confiance et l'empathie, moi aussi je voulais convertir mes élèves. Je le faisais de bonne foi ! J'étais moi-même persuadée qu'il n'y avait, sur la question, aucun doute possible… Pour défendre ces idées, j'avais d'ailleurs des arguments solides, appuyés par la recherche scientifique. Au départ, tout allait bien ; convaincue, j'étais convaincante. Et les grands patrons auxquels je dispensais ces cours me semblaient relativement satisfaits, voire très enthousiastes à l'idée que le modèle danois puisse être source d'un bien-être « supérieur », et donc d'engagement, d'innovation et de performance au sein de l'entreprise.

Tout allait bien jusqu'au jour où… un « élève », lors d'un séminaire dans le sud de la France, lui-même grand patron, opposa à mes arguments une certaine résistance. « Je suis allé au Danemark, me dit-il, et je n'ai pas du tout apprécié le voyage. Les Danois boivent énormément, et plus qu'en France ! Et ils n'ont pas l'air très heureux… Les chiffres le montrent : ils consomment beaucoup d'antidépresseurs et se suicident en masse. » Silence dans la salle. Je me rappelle parfaitement l'énergie qui m'a envahie à ce moment-là : je devais le faire changer d'avis, coûte que coûte.

Seulement, plus j'insistais, plus je faisais défiler un arsenal d'arguments, plus je pensais « Cette fois, il ne pourra pas contester », plus ce patron résistait. Plus je disais qu'il faisait jour, plus il disait qu'il faisait nuit – vous comprenez l'image. Nous avancions dans des sens opposés. Enfin, lui surtout. Car tous mes efforts ne servaient qu'à renforcer sa position. Et dans la salle, une atmosphère électrique a commencé à se faire sentir. Nous étions dans le sud de la France, dehors il faisait beau, mais à l'intérieur c'était l'orage. Les participants se divisaient en deux groupes, il y avait les « pour » et il y avait les « contre ». Et tous y allaient de leurs arguments propres.

J'ignore pourquoi, alors que je défends l'empathie, que c'est même pour cette raison que j'avais organisé le séminaire, alors que je vante la nécessité de comprendre l'autre, le recul critique, je me suis entêtée ce jour-là. Je me focalisai uniquement sur cet élève revêche, laissant de côté le reste de la classe, pris en otage par cette dispute. Résultat, ce fut la plus mauvaise note que j'ai obtenue lors d'une *masterclass* – et elle était méritée.

C'était il y a quelques années déjà. Et cette expérience m'a permis d'approfondir mon domaine d'étude. Ce qui s'est passé dans cette salle de classe, c'est simplement que j'ai voulu à tout prix avoir raison. J'avais, avec moi, ma certitude : une vision du monde et rien d'autre que celle-ci. Aucune discussion n'est possible dans ce cadre. Un tel entêtement mène toujours à une impasse, mais on se laisse prendre au piège si facilement. C'est parfois plus fort que nous, nos certitudes s'échauffent, il y a quelque chose qui bouillonne, notre ombre se réveille et s'active… Depuis ce jour, j'ai décidé de ne plus chercher à persuader.

Dorénavant, je m'évertue simplement à partager mes convictions avec ouverture d'esprit. Demeurer l'esprit « ouvert », c'est une source d'inspiration formidable, et une manière d'apprendre de nouvelles choses, de s'enrichir du point de vue de l'autre. C'est un exercice intellectuel, je cherche à comprendre les arguments adverses, et presque à les adopter, l'espace d'une seconde, pour les tester. Il faut savoir relativiser. Face au désaccord, je réponds avec modestie. « Non, tout n'est sûrement pas parfait. Merci pour cet exemple qui aide à nuancer mes propos. » Voilà ce que j'aurais dû répondre, dans cette salle de classe devenue champ de bataille. Car, évidemment, moi aussi je connais des Danois malheureux.

Pour un art de la nuance

L'art de la nuance mobilisé en cas de contradiction est directement lié à l'empathie. La clé est avant tout celle de l'écoute et de la compréhension. De ne pas juger l'autre.

Conclure « C'est un con » est une solution toujours trop simpliste, qui n'engendre que le conflit. En outre, dans une salle de classe, ce souci de la nuance encourage la participation, les élèves ne se sentant ni jugés ni mis à l'épreuve. Grâce à ce climat d'écoute sans compétition, ils ont conscience qu'ils peuvent se tromper sans que cela génère de conséquences, ou conduise à la honte ; ils peuvent se tromper, tout comme ils peuvent avoir raison ! Il y a un terme pour cela : la sécurité psychologique, l'un des fondements de l'école danoise.

L'empathie accroît l'engagement de chacun, à l'école, dans les entreprises, dans la société. L'autre, tous les autres se sentent vus, compris et acceptés. Si les gens se sentent valorisés, et non plus soumis à une sorte de méfiance, ils font alors confiance et, en réponse, sont moins susceptibles de se retrancher dans leurs propres certitudes.

La contre-productivité du « contre »

Tout le monde se souvient de cette phrase du président Macron, pour lequel j'ai pourtant le plus grand respect : « (...) les non-vaccinés, j'ai très envie de les emmerder. » Elle a suscité de vives réactions pour de nombreuses raisons. Que la gestion d'une telle crise sanitaire soit un défi pour tout gouvernement, cela se comprend aisément. Que les résistances individuelles face à certaines mesures (confinement, distanciation sociale, gestes barrières, etc.) génèrent de l'agacement, cela s'entend également lorsque l'on sait l'épreuve que nous avons traversée tous ensemble lors de la crise du Covid-19. Mais attaquer ceux qui, pour des raisons diverses (idéologiques, religieuses, politiques), refusent de se faire vacciner, est-ce vraiment efficace ? Les antivax ne se font pas davantage vacciner parce qu'on les traite d'idiots ou d'irresponsables. Au contraire, on risque ainsi fortement de renforcer leur position et leurs croyances sur le sujet. D'ailleurs, à la suite de cette déclaration, les antivax sont plutôt descendus dans la rue avec encore plus d'engagement et de ferveur pour leur cause. Voilà pourquoi je suis convaincue de l'importance d'agir pour ce que l'on croit juste ou nécessaire, et d'éviter de gaspiller son énergie dans l'opposition. On parle souvent de la force d'opposition, hélas moins de la force de proposition.

Pas d'empathie à tout prix

Je préconise donc d'essayer au mieux d'accepter (ou au moins de constater) l'avis ou l'action des autres et d'agir *pour* ce dont nous sommes convaincus ou engagés nous-mêmes. J'apporte néanmoins une petite nuance : il ne s'agit évidemment pas de tout accepter, car je ne nie pas qu'il y ait des choses inacceptables. Prenons un cas du quotidien relativement banal que nous connaissons tous : le tapage nocturne. J'ai tenté d'entrer en dialogue avec ma voisine à cause du bruit infernal qu'elle propageait la nuit, m'imposant de véritables concerts de techno qui m'ont empêchée de dormir des semaines durant. J'aime la musique et je comprends l'envie de faire la fête, mais je pense que cette envie doit s'assouvir avec le respect d'autrui, ou bien, après minuit, s'exprimer uniquement dans les lieux adaptés. J'ai tout essayé. Comprendre ma voisine. Accepter ses envies de faire la nouba jusqu'à 7 heures du matin. Sincèrement, je me suis mise à sa place et j'ai tenté, avec elle, de trouver des solutions ou des compromis. Proposé de trouver des horaires qui nous conviendraient à toutes les deux. Un volume sonore à respecter. La prévenir quand je m'absentais, etc. Toutes mes tentatives ont fait face à un mur de silence – comble de l'ironie – et même d'agressivité.

Être empathique, ce n'est pas courir le risque de trouver une excuse pour tout et à tout le monde. Ce n'est pas tout permettre ou tout accepter. Je comprends et j'accepte, mais avec certaines limites. En l'occurrence, cet épisode m'a fait réfléchir au cadre à donner à l'empathie. Le plus simple, mais aussi le plus évident, demeure celui de la loi. Je le disais, on ne peut accepter des propos haineux, tout comme on ne peut accepter le tapage nocturne lorsqu'il est excessif et répétitif. La loi vaut pour tous.

On peut toujours chercher à comprendre… sans pour autant cautionner ni justifier. C'est d'ailleurs tout le travail de la justice lorsqu'elle instruit un dossier dans le cadre d'une plainte. Le racisme, l'antisémitisme, l'homophobie demeurent injustifiables. Ce qui ne veut pas dire qu'on ne peut pas comprendre intellectuellement les raisons des individus qui, malheureusement, s'y livrent. Se priver de la compréhension des origines d'un méfait, c'est aussi se priver des moyens pour empêcher qu'il se reproduise. Avec l'empathie, il ne s'agit donc pas de tout excuser, mais de toujours garder les yeux ouverts.

Ce que je veux souligner ici, c'est que je n'appelle pas à une empathie totale et irraisonnée. Il ne faut pas oublier que l'empathie n'est pas synonyme de bêtise mais d'intelligence. Elle est au service du mieux vivre-ensemble, pas au service de n'importe quoi.

Apaiser le débat et apporter de la nuance

Nous l'avons vu, l'empathie est une forme d'intelligence, à la fois émotionnelle (immédiate) et cognitive (réflexive). En cela, il me semble que l'empathie est le meilleur moyen de construire un débat apaisé ; pourquoi pas se « quereller », mais alors comme le faisaient les Anciens avec la *disputatio*, avec symétrie et respect, ou bien, plus tard, dans les salons, où la courtoisie imposait un art de la conversation[10]. Je ne suis pas nostalgique du temps des salons. Ce que je veux dire, c'est qu'il est possible de penser le débat sans insultes.

Dans son essai, *La Guerre des idées, enquête au cœur de l'intelligentsia française*[11], Eugénie Bastié donne l'exemple très intéressant d'un débat rassemblant, sur le plateau de l'émission animée par Bernard Pivot, « Apostrophes », le philosophe Bernard-Henri Lévy et Maurice Bardèche, critique littéraire, mais également auteur d'un essai défendant le nazisme. Le débat surprend : « S'ensuit un échange qui aujourd'hui nous paraîtrait surréaliste, sur l'épuration, les pamphlets antisémites de Céline, la Shoah [...]. Ce qui frappe dans cet échange, c'est son caractère extrêmement courtois malgré l'antagonisme absolu des positions[12]. » Il est en effet difficile d'imaginer qu'un tel débat puisse se dérouler actuellement. Un débat empathique, où chaque interlocuteur, malgré « l'absolue » opposition, est capable de comprendre l'autre, de se mettre à sa place et donc de le respecter. Cela doit nous faire réagir !

Nous devons prendre conscience, collectivement, au vu des enjeux auxquels nous faisons face et des choix que nous devrons faire – pour la plupart des choix difficiles –, de la nécessité d'apaiser le débat public et de pouvoir réfléchir ensemble. En un mot, de développer ce que le philosophe Gaspard Koenig appelle la « culture du compromis[13] », dans laquelle sont favorisés le dialogue ouvert et constructif, la recherche du consensus, la flexibilité, la compréhension mutuelle et la gestion des conflits. Car c'est bien de cela qu'il s'agit avec l'empathie : un combat contre l'absence de nuance.

Étienne Klein, physicien et philosophe des sciences, parle de l'importance de la nuance. « Les gens qui parlent sans nuance donnent l'impression d'avoir raison », écrit-il. « Quelqu'un qui doute, on dit : "Ce type-là, il ne sait pas ce qu'il pense." Et donc, un propos nuancé donne l'impression de se fragiliser par la forme qu'il prend, et c'est ça qui me semble être une menace, parce qu'on sait très bien que ce n'est pas dans les positions les plus extrêmes qu'on trouve la vérité. » Dans un entretien[14] diffusé sur Internet, le philosophe analyse combien nous sommes aujourd'hui, quotidiennement, « bombardés » d'informations que notre cerveau est incapable de trier en même temps, un phénomène qui rend particulièrement difficile la construction d'une opinion, ce qui expliquerait l'absence grandissante de nuance. Nous en revenons à la fameuse « collection des preuves » dont j'ai parlé précédemment, et que le numérique amplifie. Quelle solution alors ? Pour Klein, « il faut que la modération s'exprime de façon immodérée, parce que sinon, c'est ceux qui ont des discours polarisants, tranchés, qui vont s'imposer, et ça empêchera le débat ».

Il y a dix ans, mon frère a lancé une chaîne de restaurants à laquelle je me suis associée, 42RAW, dont le concept était de proposer des plats d'origine 100 % végétale et locale. Pour nous, c'était un engagement personnel. Éviter les émissions carbone et tourner la page de la souffrance animale, offrir un lieu convivial aux personnes partageant ces convictions. Mais en 2020, en pleine crise sanitaire, nous avons commencé à repenser le concept de notre chaîne, car nous étions finalement un peu mal à l'aise. Alors que nous souhaitions promouvoir le changement et l'ouverture d'esprit, n'étions-nous pas en train de participer à une forme de repli sur soi ? Cette tentation de n'être plus qu'avec ceux qui nous ressemblent et par qui on se sent compris. Nous voulions ouvrir les portes d'un régime alimentaire plus sain et plus respectueux de l'environnement, pour attirer les curieux, pourquoi pas les convertir, au moins les sensibiliser. Nous ne voulions pas, en revanche, maintenir les portes fermées, comme si c'était un club privé, car c'est le meilleur moyen de susciter la méfiance et l'hostilité.

Non, les végans ne sont pas tous des extrémistes, des casseurs de vitrines, des agressifs et des sectaires. Voilà ce que nous voulions démontrer en transformant le concept de nos chaînes, en créant un lieu ouvert sur les autres, et inclusif. Que la jeune fille qui vient de passer au véganisme puisse continuer à aller au restaurant avec ses parents, qu'ils puissent ensemble communiquer autour de plats différents, écouter les arguments des uns et des autres, se sensibiliser à la question de la souffrance animale, de la responsabilité du consommateur, en bref, agir autour de la table avec empathie en évitant la rupture (le fameux « on ne se comprend plus »), tout cela nous rend heureux. Et beaucoup de végans nous ont remerciés pour cette ouverture qui leur permet d'amener des amis, des collègues, des clients. À notre petite échelle, je crois que nous participons à apaiser localement le débat, à désensibiliser la question, à ne pas faire du véganisme ce régime alimentaire un peu louche, un peu idéologique, et surtout sans saveur. Nous nous efforçons de faire avancer la cause et le débat de manière constructive et positive. C'est cela, construire une société de nuance.

Les limites de l'empathie

L'empathie n'est évidemment pas un grand remède pour tous les maux de la planète, ce serait trop facile. Cette intelligence n'est pas miraculeuse. Elle fait d'ailleurs l'objet d'un certain nombre de critiques sur lesquelles j'aimerais maintenant revenir.

Dans son ouvrage de référence, Paul Bloom, professeur de psychologie à l'université de Yale, présente l'empathie comme un « guide moral pauvre[15] ». Selon lui, elle n'aurait donc pas de vertu sociale particulière et, au contraire, pourrait conduire les individus à faire des choix peu éthiques, et cela pour plusieurs raisons. D'abord parce que l'empathie favoriserait ceux dont nous sommes le plus proches, au détriment de tous les autres. Selon le professeur, si l'on fait un choix empathique, nous allons le faire par rapport à la situation de la personne en face de nous, mais qui nous dit que ce choix est juste ? Et si cette personne était l'arbre qui cache la forêt ? L'empathie aveuglerait plutôt qu'elle ne nous aiderait à comprendre une réalité plus complexe ; elle conduirait à adopter une vue plus étroite sur le monde.

Dans son livre, Paul Bloom prend ainsi l'exemple de certaines associations qui s'engagent pour réaliser les rêves des enfants malades : une petite fille qui veut vivre une journée de princesse, ou bien un petit garçon qui rêve de rencontrer son idole. Selon Bloom, tout l'argent dépensé pour ces actions individuelles le serait plus utilement pour financer des hôpitaux pour enfants ; l'empathie pourrait nous pousser à privilégier de manière irrationnelle des actions à petite échelle, parce qu'elles nous touchent plus directement. Cet exemple démontre comment l'empathie nous conduit à nous émouvoir aux dépens des autres, c'est pourquoi il compare cette intelligence à un « spot de lumière ».

Dans la même logique, toujours selon Bloom, l'empathie conduirait à considérer d'abord les coûts présents et non les coûts futurs. Pour cela, il utilise un exemple dont on pourra penser ce que l'on veut. Un enfant se noie dans une rivière, et vous assistez à la scène. Sans réfléchir, en ressentant la détresse de l'enfant qui ne sait pas nager, vous sautez à l'eau pour le sauver. Sauf que cet enfant, c'est Adolf Hitler. Avec l'empathie, vous avez donc privilégié les coûts présents (éviter la mort de l'enfant) au détriment des coûts futurs (laisser ce gamin devenir l'un des plus grands monstres de l'histoire de l'humanité). Je trouve cet exemple un peu fallacieux. D'abord, il n'est pas dit que ce soit l'empathie qui nous pousse à sauver l'enfant, mais une réaction bien plus instinctive. Un sens inné de la protection. Quel genre d'humain pourrait regarder le gamin se noyer dans la rivière sans rien tenter ? Ensuite, rien n'indique que les coûts futurs soient inscrits dans les coûts présents. Rétrospectivement, il est facile de relier l'enfant qui se noie à l'adulte monstrueux qu'il deviendra quelques années plus tard. Mais au moment où il se noie, comment anticiper les coûts futurs, à moins de connaître l'avenir ? Certains diront que c'est une expérience de pensée, et que dans nombre de situations les coûts futurs apparaissent plus clairement. Dans ce cas, l'empathie, en tant qu'intelligence, doit permettre de les intégrer dans la prise de décision. Comme je l'ai dit plus haut, l'empathie n'ouvre pas la porte à la compréhension et à l'acceptation de tout. Elle est au contraire un moyen d'adopter une juste distance à l'égard des autres.

Une autre critique revient souvent au sujet de l'empathie, notamment émise par le neuroscientifique Jean Decety[16] : notre faculté empathique serait davantage portée sur ceux qui nous ressemblent – mêmes signes distinctifs, mêmes croyances, mêmes goûts –, un phénomène que l'on regroupe sous le nom d'« homophilie ». Mais l'apprentissage de l'empathie doit au contraire transmettre des clés, sur lesquelles je reviendrai, pour aller au-delà de cette homophilie. À l'école, dans les entreprises, dans la société tout entière, un apprentissage réellement efficace de l'empathie passe par une confrontation permanente à l'altérité. C'est un apprentissage de la compréhension de tous ceux qui ne nous ressemblent point.

Et si l'empathie n'était tout simplement pas bonne pour les humains ? Et si elle représentait un danger ? Le neurologue Jean Decety s'interroge sur le mauvais usage potentiel qu'une personne pourrait faire de l'empathie, dans le but de manipuler. Cette question soulève la double nature d'une intelligence. En effet, être capable de comprendre l'autre, de savoir ce qui le touche, ce qui l'émeut, peut conduire à avoir un pouvoir sur lui. Nous le voyons d'ailleurs tous les jours, de manière « douce », avec la publicité qui joue sur nos émotions parce qu'elle est conçue par des personnes dont l'objectif est de comprendre, pour le « toucher », le consommateur. Comme le souligne également Serge Tisseron, dans *Empathie et Manipulations : les pièges de la compassion*[17], nous le voyons de manière plus pernicieuse dans les procédés utilisés par certaines organisations radicales, voire terroristes, afin d'attirer de nouvelles recrues. Pour autant, on aurait tort d'associer l'empathie à un danger de manipulation. Car elle est tout le contraire. L'enseignement de l'empathie passe par le développement d'un regard critique, d'une curiosité sur les autres, le monde et soi-même ; il permet de se protéger contre des visions du monde biaisées.

L'empathie constitue une forme d'intelligence particulièrement précieuse. Écoute, confiance, acceptation de l'autre, elle semble être la clé d'un projet social qui fonctionne. Elle est le meilleur moyen de construire un débat apaisé, d'encourager la coopération entre les citoyens d'une même société comme entre les employés d'une même entreprise. Faire équipe avec l'autre, savoir vivre ensemble. Comment expliquer alors la situation actuelle de la France ? Cette France qui affirme, comme le révèle le sondage sus-cité, avoir peur de l'autre. Cette France qui a de plus en plus de mal à débattre, à tolérer les différences. Cette France qui se laisse attirer par les extrêmes politiques… Sans vouloir faire un bilan exhaustif d'un certain « malaise » français, il me paraît pertinent d'analyser les maux de la société à l'aune d'un autre mal, plus profond : le déficit d'empathie.

II
La France en manque d'empathie

4
La société française en manque d'empathie

Je tiens à préciser dès le départ que mon intention n'est pas de peindre une image négative de la situation en France. Au contraire, je porte généralement un regard empreint d'optimisme sur la France et les Français. Certains de mes amis iraient même jusqu'à dire que j'ai un regard « amoureux » sur ce pays que j'apprécie profondément. Mes observations et mes réflexions présentées ici ne sont en aucun cas motivées par un jugement critique gratuit. Mon but est de contribuer à une discussion constructive sur les enjeux potentiels que nous pourrions identifier, dans l'espoir de trouver collectivement des solutions et de renforcer les aspects positifs qui font la singularité de la France.

Vous connaissez la phrase de Nietzsche : « Tout grand problème est un symptôme. » Ce déficit s'enracine chez les jeunes dès l'école, et atteint la société et le monde de l'entreprise. Ce n'est pas un problème à prendre à la légère, car le manque d'empathie est responsable d'une dégradation de notre capacité à échanger, à débattre paisiblement, à s'accepter pour vivre ensemble, à réussir collectivement, dans notre vie professionnelle comme dans tous les autres domaines.

L'empathie à l'ère du digital

En France comme ailleurs, l'arrivée des écrans, des jeux vidéo et de l'intelligence artificielle constitue un véritable défi au développement de l'empathie. De même que notre corps a besoin d'une alimentation variée et équilibrée pour être en bonne santé, le cerveau des enfants a besoin d'une stimulation constante pour évoluer de manière optimale. Sans doute que l'intelligence artificielle, dans quelques années, nous permettra de faire des choix efficaces. Des choix rationnels. Le meilleur choix possible selon des calculs bien précis. Mais ces choix pragmatiques seront-ils favorables aux autres ? Ou encore à nous-mêmes ? Ce n'est pas certain.

L'intelligence artificielle risque d'encourager les enfants, futurs citoyens, à se défausser de plus en plus. À la laisser faire. C'est d'ailleurs déjà le cas. Qui utilise encore une carte routière, qui retient encore par cœur un itinéraire, qui sait encore résister aux indications pratiques de son GPS connecté à de lointains satellites ? La même chose risque de se produire pour nos choix. Dans l'avenir, nous allons être de plus en plus guidés, conseillés, orientés, par nos objets technologiques. L'intelligence artificielle sera sans doute capable de mieux nous guider, mais elle ne remplacera jamais l'intelligence des émotions, ni notre faculté à voir, comprendre et accepter l'autre.

En outre, comme le démontrent les recherches[1] du professeur Pierre-Marie Lledo, directeur du département des neurosciences à l'Institut Pasteur, une utilisation excessive des écrans, en particulier des jeux vidéo, peut perturber la formation du cerveau empathique. La représentation souvent violente et déshumanisante des interactions dans ces jeux peut entraver le développement de différentes formes d'empathie. L'ère numérique, tout en apportant de précieuses opportunités, présente donc des défis pour le développement empathique des enfants. Mais elle est loin d'être la seule.

L'élitisme en question

L'école française est parfois citée pour son élitisme. J'avoue avoir moi-même une certaine admiration pour tous ces grands établissements français dont le prestige est international (l'ENA, Polytechnique, HEC, Sciences Po, l'ENS, etc.). Mais je m'interroge sur les conséquences d'un tel système, sélectif, élitiste, qui a fait de la notation des élèves un standard aussi strict qu'indépassable. Les enseignements élémentaire, secondaire et supérieur tels qu'ils sont actuellement conçus permettent-ils de cultiver cette forme d'intelligence fondamentale qu'est l'empathie ? Il est permis d'en douter.

C'est pourtant dès l'école maternelle que notre rapport à l'autre, qui est aussi un rapport à soi, se structure. Avec le développement de la

« théorie de l'esprit* », l'enfant est capable, aux alentours de 5 ans, de prendre conscience du fait que l'autre est un individu distinct, qui ne perçoit pas la réalité d'une manière identique à la sienne. C'est une étape décisive et fondatrice pour l'empathie. Or, à l'heure actuelle, elle n'est ni prise en compte ni accompagnée par l'institution scolaire française qui, en mettant en œuvre très rapidement un système d'évaluation par notes, contribue à faire de l'expérience de l'autre et de soi une expérience potentiellement douloureuse. Bien sûr, ce sont les formats d'évaluation qui sont en question, et non les individus qui les mettent en œuvre. Mais tous les élèves avec lesquels je me suis entretenue m'ont confié la « violence » que représentait pour eux la notation. Une notation qui distingue les « bons » des « moins bons », le cancre du premier de la classe. Car le prisme de la performance scolaire, en majorité fondée sur une notation allant de 1 à 20 (notes qui sont aussi énoncées oralement en classe, ce qui accentue l'esprit de compétition), avec des appréciations parfois très dures, comme j'ai

* Ce terme désigne la capacité cognitive à attribuer des états mentaux différents du sien aux autres. Lire : Jeremy Rifkin, *Une nouvelle conscience pour un monde en crise : vers une civilisation de l'empathie*, Les Liens qui libèrent, 2011.

pu le constater, structure le rapport à l'autre en prétendant pointer des différences objectives, voire indépassables – du moins dans l'esprit de l'enfant ainsi catégorisé.

Le simple fait de parler de « bons » et de « mauvais » élèves, comme s'il en allait de leur nature intrinsèque, me semble dangereux. C'est un système qui ne permet pas de transmettre de l'empathie, en ce qu'il n'implique pas la compréhension de l'élève, ni ses envies profondes, ni ses préférences, mais qui impose un jugement, voire une étiquette. Le célèbre bonnet d'âne.

Un exemple révélateur : Nicolas, actuellement élève de khâgne, m'a raconté comment il a longtemps été persuadé, du collège jusqu'au lycée, être moins bon que les autres, à cause de ses notes très basses. Découragé, il a même voulu tout abandonner à 16 ans, ne se pensant pas capable d'aller plus loin. À cette époque, l'étudiant se sent méprisé, il a honte, et est convaincu d'être plus bête que les autres. Nicolas aurait pu continuer longtemps ainsi, mais tout se débloque un jour et, reprenant confiance, il rattrape son retard puis se retrouve premier de la classe à la fin du lycée.

Que s'est-il passé ? Tout simplement, un professeur bienveillant a accompagné Nicolas pour qu'il reprenne confiance et trouve en lui les ressources nécessaires pour avoir envie de s'améliorer. Nicolas s'est senti vu, compris et accepté – ce qui a tout changé. On peut dire que Nicolas a eu de la chance de tomber sur une personne qui a eu l'intelligence de le comprendre. Ce n'est hélas pas toujours le cas.

Ce n'est d'ailleurs pas pour rien si la notation fait, depuis quelques années, l'objet de vives critiques[2]. Il est notamment souligné que les notes sont souvent aléatoires, et fondées sur des critères qui ne sont pas objectifs, de même qu'elles sont influencées par des biais sociaux (par exemple : tel élément de culture, jugé plus académique, favorisé au détriment d'un autre). Raison ou tort dans ce débat, il paraît évident que ce système a des conséquences psychologiques qui pèsent sur le bien-être des élèves.

À l'école, combien se sentent complexés face aux autres, combien refusent de se plier à ce que le sociologue Omar Zanna, spécialiste de l'empathie, nomme le « rituel du passage au tableau[3] » ? Combien sont capables de prendre la parole en public ou de poser des questions sans avoir l'impression d'être jugés ? Ce n'est pas seulement lié à des facteurs sociaux, mais aussi à une certaine confiance en soi, à l'impression d'avoir plus ou moins la liberté de s'exprimer, sans craindre le regard des autres et la désapprobation du professeur si l'on se trompe.

Des coups dans la cour

D'autres formes de violence, plus directes et là encore en lien étroit avec notre rapport à l'autre, sont à signaler. On estime qu'en France entre 800 000 et un million d'élèves sont victimes de harcèlement scolaire[4], dont un quart de collégiens. Un chiffre intolérable. Les travaux du sociologue Éric Debarbieux[5], spécialiste du harcèlement scolaire, révèlent que ce phénomène découle souvent d'une absence de considération pour les émotions et les expériences des personnes ciblées. Autrement dit, d'un manque d'empathie et d'une incapacité à décrypter les signaux d'alerte et appels à l'aide émotionnels. Cela vaut pour les harceleurs, bien sûr, mais aussi pour tous ceux qui « laissent faire », qui regardent ailleurs. Dans quasi un cas sur deux, la détresse des victimes est minimisée, ce qui entretient la violence et ne favorise pas une réaction adaptée.

« Trop gros », « trop maigre », « dents écartées », « roux », « bonnes notes », « mauvaises notes ». Hélas, ce sont à chaque fois les différences qui servent à humilier l'autre. Et on sait maintenant que ces violences se poursuivent en ligne, ne laissant aucun répit aux enfants. Cela concerne environ 1 élève sur 5[6]. La désignation de la « différence » comme cible de harcèlement, que ce soit à travers l'apparence physique, les origines ou les traits de personnalité, révèle une triste réalité : le manque d'empathie engendre un terreau fertile pour la discrimination et la haine. Et c'est dans cette optique, pour lutter contre ces phénomènes, que le gouvernement français a récemment annoncé la création de cours d'empathie.

La peur de l'autre est une peur finalement commune, mais qui a des conséquences graves à l'école. La psychologue Béatrice Copper-Royer analyse précisément les mécanismes de « phobie scolaire » dans son livre *Peur du loup, peur de tout*[7], et démontre à quel point cette phobie entraîne découragement, décrochage et abandon. C'est la nature même des relations entre les élèves, dans le cadre de l'école, qui est ici en cause. Des relations parfois brutales ou des effets de groupe qui reposent sur l'exclusion, et contre lesquels l'empathie peut agir.

Les recherches de Nicolas Sembel[8], sociologue de l'éducation à l'université d'Aix-Marseille, soulignent que le système éducatif français met davantage l'accent sur la performance académique au détriment du développement émotionnel des élèves. Dans un tel environnement, axé sur la réussite, les préoccupations émotionnelles sont reléguées au second plan, ce qui prépare facilement le terrain au harcèlement. Les victimes peuvent craindre de signaler le harcèlement par peur d'être perçues comme faibles ou incapables de suivre le rythme de la compétition scolaire.

Peut-être que ce déficit d'empathie à l'école française s'explique aussi par le fait que les notions de « bien-être » et de « qualité de vie » ne sont pas définies dans les textes officiels français comme des concepts opérationnels autonomes, mais présentées soit comme un objectif général, au demeurant assez vague, soit comme un élément parmi d'autres de politiques visant à résoudre des problèmes spécifiques, comme l'indique la chercheuse Thuy Phong Nguyen[9]. Cette absence de définition, et donc de moyens opérationnels, en dit long sur la priorité du système scolaire français : encore et toujours la performance.

La loi du plus fort

L'enseignement supérieur poursuit le travail de sélection commencé à l'école. Il procède « par élimination[10] », pour n'extraire qu'une très fine partie de la population. Résultat, ce système produit une élite, qui excelle, et un grand nombre d'individus qui rencontrent des difficultés, voire sont en décrochage, comme l'expliquent Yann Algan, économiste spécialiste de l'éducation, et Élise Huillery, professeure d'économie à l'université Paris-Dauphine et à Sciences Po. Là encore, ce ne sont pas les individus qui sont en cause, mais bien l'élitisme du système. Un système qui, par ailleurs, participe à une reproduction sociale qu'on ne cesse de critiquer. Selon une étude de l'OCDE[11] de 2018, 73 % des enfants de diplômés de l'enseignement supérieur auront eux aussi un diplôme de l'enseignement supérieur, contre 17 % des enfants de non-diplômés. Seulement 17 %. Et je crois que tout déterminisme, parce qu'il rigidifie certaines représentations, parce qu'il durcit certaines structures sociales en générant des inégalités, n'est pas propice au développement d'une relation apaisée avec l'autre.

Deux anciennes diplômées d'HEC m'ont raconté que le directeur de leur école, lors de la remise des diplômes, leur a donné le conseil suivant : « Vous êtes l'élite de la France, la crème de la crème. Face au choix entre la fausse modestie et l'arrogance, choisissez toujours l'arrogance. » Ce que ce genre de discours encourage, c'est la sacralisation de l'élite, l'entretien du mythe de son incontestable supériorité. Je n'ai évidemment rien contre les élites intellectuelles. Je crois même qu'elles sont un véritable atout pour le développement économique et culturel d'une société. Mais je constate que tout cela a des effets indéniables sur le rapport à l'autre, et que si tout pays a de la chance de pouvoir compter sur des citoyens très éduqués et très bien formés, il a aussi profondément intérêt à ne pas les scinder du reste de la population, et à ne surtout pas les placer sur un piédestal, au risque de créer de profondes divisions et tensions sociales qu'il sera bien difficile d'apaiser.

Légitimité et illégitimité

Car cette loi du plus fort nourrit un sentiment réel d'illégitimité. Je me souviens aussi de la remarque de ce grand patron, parti de rien – ni grande école ni grands diplômes –, qui me confiait son complexe d'infériorité : « De toute façon, les énarques ne me prendront jamais au sérieux, peu importe mon succès. » Jamais je n'aurais imaginé cela : pour moi, cet homme devait être fier de sa réussite. Au contraire, il avait beau être à la tête d'une grosse entreprise, être considéré par ses pairs comme l'un des meilleurs dirigeants de sa génération, il lui manquait quelque chose. Une sorte de Graal français : le titre académique. En l'absence de ce titre, il ne se sentait pas reconnu à sa juste valeur.

C'est l'une des premières conséquences du système scolaire français actuel : donner à ceux qui réussissent un sentiment de supériorité, et les convaincre qu'ils disposent d'une qualification plus importante, méritée, irrévocable. Enfermer les autres dans un sentiment d'infériorité, nourrir une forme de disqualification sociale, plus ou moins intériorisée. Conférer des notions de légitimité et d'illégitimité aux professions et aspirations. Il hiérarchise les compétences, plaçant les savoirs techniques et pratiques en dessous des compétences artistiques et intellectuelles.

Comme si certaines expertises valaient mieux que d'autres, comme si certaines fonctions étaient plus dignes de respect et de reconnaissance. D'une certaine manière, l'élitisme donne hélas moins l'impression de produire des « sages », attentifs à la société, que des « plus forts que les autres ».

L'école est le marchepied de notre socialisation à tous : ce que vivent les élèves d'aujourd'hui déterminera le fonctionnement même de la société des décennies à venir. Les cours d'empathie pour lutter contre les phénomènes de harcèlement et de violence permettront de modifier le rapport à l'autre. Il me semble cependant nécessaire de ne pas s'arrêter là. L'empathie ne constitue pas uniquement un moyen de lutter, c'est aussi un outil pour favoriser la tolérance et encourager un apprentissage plus souple, davantage axé sur l'épanouissement des élèves que sur leur compétition.

L'école fabrique une société de « compétition »

Je m'étonne qu'en France le concours apparaisse encore comme la forme de recrutement par excellence, à la fois juste et égalitaire, en un mot, républicaine. Et, comme l'indique l'historien de l'éducation Claude Lelièvre, « la France est le seul pays occidental à recourir aux concours[12] », alors qu'ils font l'objet de nombreuses critiques[13].

La prédominance du système de concours en France reflète une réalité où l'empathie est souvent mise de côté au profit de la compétition. Que l'on s'entende bien, la compétition n'est pas un mal en soi, lorsqu'elle stimule. Elle peut être un excellent moyen de réussir sa vie professionnelle. Disons simplement que trop de compétition tue la compétition. Qu'une compétition sans empathie devient brutale. Ceci d'autant plus dans une société où la légitimité est acquise en fonction du degré d'études et où les attentes sociales et familiales exacerbent la compétition, jusqu'à créer un environnement éducatif dans lequel seule compte la performance.

Les travaux du sociologue François Dubet[14] apportent un éclairage profond sur la manière dont ce système de concours peut exacerber le stress et l'anxiété chez les élèves. Il utilise la notion de « société de compétition », qui me semble parfaitement décrire comment ce système scolaire révèle le fonctionnement plus général de la société. Le concours est omniprésent dans la vie des Français. Pas seulement à l'école : concours général, grande dictée, concours de majorettes, concours de beauté, concours de voitures, concours de connaissances sur votre figure historique fétiche, votre animal de compagnie, etc. La liste est sans fin. Ce modèle encourage une course effrénée à la réussite, où les élèves sont encouragés à se comparer constamment les uns aux autres pour atteindre des standards élevés. La comparaison plutôt que la compréhension. Les élèves sont poussés à voir leurs pairs comme des rivaux, plutôt que comme des partenaires potentiels. Toujours comme l'indique François Dubet, l'obsession pour la réussite amène les élèves à adopter une mentalité individualiste[15], où l'objectif principal est de surpasser les autres, plutôt que de les comprendre et de les soutenir. Les relations interpersonnelles deviennent des moyens de compétition plutôt que des opportunités d'apprentissage mutuel et d'épanouissement personnel.

5
La société française et ses maux

La France sort d'une période assez agitée marquée par des manifestations d'une grande ampleur contre la réforme des retraites et des émeutes urbaines qui ont éclaté partout dans le pays. Ces phénomènes sociaux, relativement extrêmes du fait de leur ampleur et de leur intensité, disent quelque chose de notre paysage social, de sa fragmentation. Un paysage où l'empathie et la compréhension mutuelle cèdent de plus en plus la place à la confrontation et à la division.

Brutalisation du débat

Les manifestations contre la réforme des retraites ont laissé apparaître deux camps, profondément opposés. Deux camps qui ont échangé des mots très durs, dans la rue, mais aussi dans l'hémicycle, où un ministre a même été traité d'« assassin » par un député. Toutes les manifestations ont été entachées par des propos plus qu'acerbes, mais surtout, par des débordements violents. Insultes et invectives, qui sont malheureusement le lot quotidien du débat public, ont éclipsé toutes les discussions constructives qui auraient pu se tenir, notamment sur la question de notre rapport au travail et de l'urgence de le repenser. Ce que j'ai vu, surtout, c'est l'incapacité de ces deux « camps » à écouter et à considérer les points divergents. Les insultes, qu'elles soient proférées dans les rues ou sur les réseaux sociaux, contribuent à créer des barrières entre les citoyens, dégradant la qualité du dialogue et favorisant un climat d'hostilité. Les étiquettes telles que « pro-réforme » ou « anti-réforme » ont trop souvent été utilisées pour catégoriser les individus, les enfermant dans des positions tranchées et alimentant la polarisation du débat.

Durant mes recherches pour ce livre, j'ai été frappée de voir combien la notion d'empathie, d'abord si absente du débat public, s'est progressivement imposée, jusqu'à devenir un sujet politique à proprement parler. Ainsi est déploré[16] le « manque d'empathie » supposé de certains dirigeants, tandis que son enseignement s'impose comme un enjeu pour réformer le système scolaire. La notion est même devenue un motif pour justifier les manifestations et le bras de fer, de plus en plus musclé, livré au gouvernement. Pourquoi ? Les « antiréforme » ont souvent exprimé le sentiment de ne pas être écoutés sur un sujet qui les concerne directement : leur travail. Ne pas être écoutés, donc ne pas être compris. Sans prendre position pour l'un ou pour l'autre, ce n'est absolument pas le but de ma démarche, je trouve assez significatif le fait qu'une partie de la société civile ne se sente pas assez écoutée et comprise. On sait pourtant que lorsque les acteurs impliqués n'écoutent pas activement les préoccupations des autres et ne cherchent pas à comprendre leurs points de vue, cela peut alimenter les tensions et miner la confiance mutuelle. Même chose pour les émeutes de juin et juillet 2023. On a vu deux camps s'affronter dans une même société. Et des éléments radicaux, dans les deux camps, aller jusqu'à souhaiter la mort des autres. Ces émeutes ont atteint un rare niveau de violence, dans les rues, mais aussi dans le débat public, sur les plateaux de télévision, dans la presse, sur les réseaux sociaux. Nous sommes nombreux à avoir eu des discussions animées sur le sujet. Il fallait impérativement se positionner : pour ou contre la police, pour ou contre les émeutiers, pour ou contre… Ce dualisme permanent est responsable de la brutalisation du débat.

Ces événements soulignent la nécessité de restaurer au cœur de notre société une communication plus ouverte, moins « explosive ». L'empathie entre ici en jeu, et pas seulement à l'école, pour permettre un dialogue respectueux, même lorsque les désaccords sont profonds, ainsi que davantage de confiance entre les uns et les autres. Comme citoyen, c'est parce que j'ai appris à comprendre et à accepter l'autre que je suis capable de respecter sa différence, de dépasser le conflit. En promouvant une culture de respect et de compréhension mutuelle, nous pouvons contribuer à bâtir un avenir où la diversité d'opinions enrichit le débat public au lieu de le fragmenter.

Montée des extrêmes

Il serait faux de penser que les Français s'accommodent de cette situation. Au contraire, interrogés par le cabinet Occurrence[17], ils réclament « que les politiques montrent l'exemple, avec moins d'agressivité et plus de respect entre les différents partis – et donc des opinions différentes », et appellent à « moins de querelles dans les médias et entre les partis politiques », ou encore à « éviter de voir les politiques s'invectiver, s'insulter, se malmener ».

Évidemment, les oppositions sont nécessaires dans une société démocratique. Mais lorsqu'une majorité d'électeurs se tourne vers les partis extrémistes, cela signifie qu'il y a un problème, et qu'est attendue une réponse « forte ». Comme si la modération, le « juste milieu », cette *médiété* si chère à Aristote, car gage de justice, ne suffisait plus. On voudrait tout ou rien. La montée des extrêmes procède du déficit d'empathie. Car la modération, cela suppose le compromis, et le compromis implique l'acceptation du point de vue de l'autre. C'est accepter de mettre un peu d'eau dans son vin, comme le dit si bien l'expression.

Une société en colère

Selon un sondage[18] réalisé par le CEVIPOF, 77 % des Français estiment que les politiques ne se préoccupent pas de ce qu'ils pensent et 70 % éprouvent des sentiments négatifs à l'égard de la politique en général, à savoir l'inquiétude (67 %) et la colère (60 %). Cela fait beaucoup. Certains facteurs de ce phénomène sont connus, très souvent discutés : troubles économiques, inégalités, crise des valeurs, individualisme. Plus fondamentalement, je crois que notre rapport à l'autre est aussi en jeu. À ce sujet, la France se caractérise aussi par un fort degré d'anomie : selon un autre sondage du CEVIPOF[19], 45 % des Français estiment n'appartenir à aucune communauté. C'est le règne de l'individu dans une « République désintégrée[20] ». Et le problème est à vrai dire encore plus profond : les Français ne se font pas confiance entre eux. Ainsi, 68 % de nos concitoyens considèrent que l'on n'est jamais assez prudent avec les autres. Ils sont méfiants. Or, cette suspicion est un sentiment dangereux, qui nous pousse bien souvent à considérer l'autre comme un ennemi potentiel, comme celui qui pourrait nous faire du mal.

À partir de mille lignes de fuite, la société se divise, se fracture, cherche à se « protéger » de l'autre. Jérôme Fourquet parle de l'« archipel français[21] », pour désigner ce phénomène de repli, de perte d'un sens commun. Nous vivons ensemble, chacun sur son île, avec méfiance. Les travaux de cet analyste politique sont passionnants, et permettent de mieux comprendre comment la colère peut à ce point se diffuser dans la société.

Jérôme Fourquet aborde ainsi beaucoup la frustration. Ce terme résonne comme une expression de la colère et du mécontentement qui animent une partie de la population. La notion de frustration, explique-t-il, évoque le sentiment de ne pas être écouté, pris en considération, ou de voir ses aspirations et ses préoccupations ignorées par les élites politiques et économiques. Cette frustration découle d'une disparité grandissante entre les attentes des citoyens et les réponses apportées par les institutions. Les politiques publiques, souvent perçues comme déconnectées des réalités du quotidien des citoyens, alimentent cette impression de décalage entre les aspirations individuelles et les décisions collectives.

Ce phénomène de frustration se trouve renforcé par le processus de *décivilisation* évoqué par Fourquet. Un terme qui traduit la perte progressive des codes sociaux, des valeurs partagées et des normes de comportement qui permettaient la cohésion et la solidarité au sein de la société. Le constat de l'érosion des valeurs traditionnelles favorise l'incertitude et le sentiment d'insécurité. Les individus se sentent désemparés face à la disparition des cadres communs qui structuraient autrefois leurs interactions sociales.

Dans ce contexte, la perte d'empathie envers autrui peut être vue comme une manifestation de ce processus de *décivilisation*. L'empathie, en tant que faculté de se mettre à la place de l'autre et de ressentir ses émotions, rencontre de moins en moins d'écho dans une société fragmentée et individualiste. Montée de la frustration et processus de *décivilisation* sont ainsi étroitement liés. La perte de repères, le sentiment d'injustice et d'exclusion nourrissent l'exaspération et la colère, rendant difficile la construction de relations empathiques. Le délitement du tissu social favorise la méfiance et l'isolement, érodant la capacité à se mettre à la place de l'autre.

L'un des exemples récents les plus frappants de l'embrasement d'une société en colère, qui ne se sent plus comprise, est sans aucun doute celui des Gilets jaunes. Voilà un mouvement de protestation hétéroclite qui a rassemblé, d'abord, des membres de la classe moyenne et périurbaine, généralement peu habitués aux manifestations. Je me souviens de la peur que l'escalade des violences, à chaque nouvel acte, a générée. C'était comme une surenchère, chacun (manifestants/forces de l'ordre) paraissant se radicaliser tour à tour. En particulier le 1er décembre 2018, avec le saccage de l'Arc de triomphe.

Je ne crois pas que la violence constitue un moyen efficace d'affirmer son opinion ou de faire bouger les choses. Quoi qu'il en soit, avec les Gilets jaunes, nous avons eu l'exemple parfait d'une société divisée qui ne croit plus pouvoir s'entendre, qui se sent humiliée ou délaissée. Cela n'a pas été – cela n'a jamais été – qu'une question de pouvoir d'achat et de prix des carburants. C'est l'expression d'un malaise plus profond. Et peut-être que, même si je n'ai pas la prétention de refaire l'Histoire, si les Gilets jaunes avaient été entendus et considérés dès le départ, les choses n'auraient pas pris une telle ampleur. Peut-être même que si ceux qui ont exprimé si durement leur mécontentement avaient été mieux valorisés dès l'école, s'ils avaient eu le sentiment de faire partie d'un projet commun et d'y tenir une place importante, les choses auraient été différentes.

Selon moi, les Gilets jaunes appellent à l'empathie. Ce qu'ils veulent, avant tout, c'est sortir de l'ombre dans laquelle ils ont le sentiment d'avoir été jetés. Ce qu'ils veulent, c'est qu'on les écoute et qu'on les comprenne. Au lieu de cela, jusqu'à la grande consultation populaire initiée par le président Emmanuel Macron, l'affrontement a été brutal. Lorsque nous entendons dans la rue des manifestants réclamer de leurs cris la « tête » d'un chef d'État, pourtant élu dans le cadre d'une démocratie, il y a de quoi être inquiet. Il ne s'agit pas de « dénoncer » gratuitement, mais bien de mettre en évidence le piège de « radicalité » dans lequel nous sommes tombés. Un piège pour la démocratie et pour la société. L'une des vertus de l'empathie, c'est de favoriser l'assouplissement de la pensée. C'est d'ailleurs pour cette raison que des méthodes reposant sur l'apprentissage de l'empathie sont utilisées[22] dans certaines associations et en prison pour déradicaliser les individus les plus violents.

Les Français ne se font plus confiance. 67 % ne se reconnaissent plus dans les valeurs de la société actuelle, tandis que 45 % estiment n'appartenir à aucune communauté[23]. Cette perte de confiance réduit les capacités d'entraide, le goût du vivre-ensemble et nuit, à terme, à la cohésion sociale. Une étude récente démontre combien elle a entravé l'efficacité de la gestion de la crise sanitaire[24] en limitant la coopération des citoyens.

Perte de cohésion, difficulté à agir ensemble… et montée des extrêmes. Voilà les conséquences d'un déficit d'empathie. Pour la société, à tous les niveaux, si l'empathie est tellement importante, c'est qu'elle est, sinon l'unique, le meilleur moyen d'affiner sa pensée, de modérer son point de vue, d'encourager l'entraide et la coopération. Ce déficit se fait sentir dans la rue, dans l'espace public, mais aussi dans les entreprises, qui subissent actuellement de plein fouet une crise d'un nouveau genre.

6
Malaise dans les entreprises

J'ai vu le monde de l'entreprise évoluer avec le temps. Du fait de mes activités, en particulier des conférences et des formations que j'ai données et de mon rôle de *senior advisor*, notamment chez Boston Consulting Group (BCG), j'ai eu un accès direct aux « coulisses » des entreprises, y compris celles des plus grands groupes du CAC 40. J'ai pu m'entretenir avec, et surtout aider, de grands patrons, des cadres dépassés par les attentes de leurs employés, pour qu'ils transforment leurs méthodes grâce à la sécurité psychologique, de la confiance et de l'empathie. Perte d'engagement, conflits, démissions… La plupart du temps, les problématiques rencontrées par les entreprises sont liées à la dimension humaine.

Le management par la force

J'ai évoqué précédemment certains maux qui touchent le monde de l'entreprise – démission, pénurie de main-d'œuvre, *quiet quitting* (voir avant-propos) – et affectent profondément le marché de l'emploi. Pour certains, ceux-ci ne seraient que le signe d'une difficile réadaptation à la vie professionnelle après deux années de crise sanitaire. Mais cette explication me semble un peu facile. Je crois que ces maux sont surtout le symptôme d'un management en déficit d'empathie, qui ne parvient pas à répondre aux aspirations individuelles comme aux attentes nouvelles des employés en matière de qualité de vie au travail. Tous ces phénomènes témoignent d'un malaise au sein des entreprises, directement lié aux méthodes de management.

Selon une étude d'Empreinte humaine, en 2022, 2,5 millions de salariés sont en burn-out, soit 34 % des salariés français, tandis que 44 % des managers se disent en détresse psychologique. Encore plus inquiétant, selon le dernier rapport[25] Gallup, seulement 6 % des employés français se disent « engagés » dans leur travail, un taux parmi les plus bas du monde.

Je me rappelle le numéro 2 d'un grand groupe qui, un jour, m'a confié qu'il n'osait plus rien proposer à son directeur, celui-ci étant incapable de l'écouter ou de considérer ses idées. Craignant les réactions de son chef, il avait donc pris le parti de ne plus faire qu'obéir, même s'il savait que son supérieur se trompait. C'est un cas de figure assez commun dans les entreprises. Le management à l'ancienne, par la peur, ne fonctionne pas.

Ainsi, dans les entreprises comme à l'école, le déficit d'empathie ruine les initiatives individuelles et la cohésion de l'équipe, et génère une mauvaise productivité en plus d'un manque d'engagement.

La sécurité psychologique au cœur du management

Le management est une chose complexe. On pourrait croire qu'il suffit d'une bonne dose de fermeté et d'intelligence pour être un bon manager. C'est faux, en tout cas pas si vous voulez attirer et retenir les meilleurs talents, avoir des équipes engagées et responsables qui osent poser une question, émettre une idée et admettre leurs erreurs, si nécessaire. Dans la vie professionnelle, le déficit d'empathie, en particulier en matière de management, a des conséquences graves. La chercheuse et professeure à l'université de Harvard Amy Edmondson, qui a étudié pendant des années les mécanismes de performance dans les hôpitaux et les entreprises, a conclu que ce qui avait le plus d'influence sur la performance d'une équipe, c'est une « culture de sécurité psychologique ». Or l'une des composantes essentielles de cette sécurité psychologique est bien l'empathie.

Quatre qualités qui viennent du cœur

Les employés attendent aujourd'hui de l'entreprise qu'elle réponde à leurs aspirations individuelles, ce qui passe par une meilleure qualité de vie au travail. Une récente étude[26] de BCG le confirme, les quatre qualités les plus importantes caractérisant un bon dirigeant – à savoir : la reconnaissance, l'empathie, l'accompagnement et la bienveillance – viennent du « cœur ». De là l'importance de préparer dès le plus jeune âge les futurs employés, cadres et dirigeants à voir, comprendre et accepter l'autre. De là la nécessité d'enseigner l'empathie à l'école et de la cultiver plus tard dans tous les milieux.

Repenser le management doit donc être une priorité. Un management en ligne avec les aspirations individuelles. Un management fondé sur l'écoute et la compréhension de l'autre. Un management de confiance et non de méfiance. Un management empathique.

En résumé, l'empathie est prise très au sérieux par les neuroscientifiques et les sociologues. C'est une intelligence essentielle aux relations interindividuelles, qui garantit aux employés d'avoir le sentiment d'être vus, compris et acceptés. Qui, par la considération et l'écoute, encourage l'engagement et la performance. L'apprentissage de l'empathie à l'école est un fondement qui doit se poursuivre ensuite dans la vie adulte, en particulier au sein des entreprises. Il doit permettre de créer les conditions d'une sécurité psychologique durable et bénéfique à l'ensemble de la société.

III
Empathique comme un Danois

7
L'apprentissage de l'empathie au Danemark

« Devenir le Danemark* », telle est l'expression, volontairement provocatrice, utilisée par le chercheur en sciences politiques Francis Fukuyama, non pour inviter les pays à se *danemarkiser*, mais pour décrire ce qu'il croit être un « horizon symbolique du développement politique ». Du fait de son niveau de confiance très élevé, d'un faible taux de corruption (c'est le pays le moins corrompu du monde, avec un score de 88 sur 100, selon une enquête de 2021 de l'ONG Transparency

* On trouvera l'expression originale, « Getting to Denmark », au début de l'ouvrage de Francis Fukuyama, *The Origins of Political Order. From Prehuman Times to the French Revolution*, New York, Farrar, Straus and Giroux, 2011.

International[1]), et d'une société égalitaire, le Danemark arrive souvent en tête de tous les questionnaires européens sur le bien-être depuis 1973*, et il sert souvent de modèle, de point de comparaison ou de référence pour les autres pays, et même pour les entreprises, qui veulent comprendre sa culture de confiance et de collectivité.

Toujours selon Fukuyama, cela s'explique par le développement de programmes d'alphabétisation dans tout le pays à destination des populations les plus pauvres, en particulier de la paysannerie. Des programmes innovants, qui ont eu pour priorité de construire une identité ouverte et tolérante chez chacun de leurs bénéficiaires, en développant un sens aigu de la communauté et du souci de l'autre. Pour ainsi dire, l'histoire de notre démocratie, c'est aussi l'histoire de notre école.

---

* Dans le dernier World Happiness Report de 2023, il est encore placé en deuxième position, juste après la Finlande, avec un score de 7,804.

Au Danemark, l'empathie s'apprend

L'empathie est peut-être une faculté innée, comme cherche à le montrer Jeremy Rifkin[2]. Une faculté commune à tous les êtres humains et qui expliquerait d'ailleurs la formation des sociétés. Mais si cette faculté est innée, cela ne veut pas dire qu'elle fonctionne dès la naissance. Un grand champion peut avoir la faculté de jouer au tennis, mais il doit s'entraîner, exercer cette faculté avant d'avoir la pleine maîtrise de son talent. Même chose pour l'empathie. C'est ici que le Danemark entre en jeu, car le pays a fait de l'empathie l'une des pierres angulaires de son système scolaire. Peuple de paysans, voici que nous cultivons une plante particulière, l'empathie.

Grundtvig, père de l'école danoise

Comment l'empathie est-elle arrivée dans nos écoles ? Comme toujours, cela s'explique par l'Histoire. Or, il est dans l'histoire de notre pays un personnage central, penseur et architecte des réformes de l'école danoise, et dont les préceptes se sont diffusés au sein de toute notre société. Cet homme que j'admire particulièrement, c'est Nikolai Frederik Severin Grundtvig (1783-1872). Ce pasteur luthérien, philosophe et poète, est considéré au Danemark comme l'un des « pères fondateurs ». Grundtvig n'est pas seulement un visionnaire, capable de penser contre les idées de son temps, c'est aussi un humaniste. Au début du XIXe siècle, poursuivant l'œuvre des Lumières, il développe une conception progressiste et libérale de la société. Au moment où Grundtvig entame la rédaction de ses premiers ouvrages, le Danemark traverse une période de troubles, marquée par la montée du nationalisme et par des guerres sanglantes. Le pasteur recherche une solution pour sortir son pays du marasme. Et, selon lui, cette solution ne passe ni par les armes ni par la force, mais par la refonte de l'école.

Dès le départ, Grundtvig fait de l'alphabétisation de tous, et surtout des plus pauvres, non seulement un moyen mais aussi un objectif indispensable pour bâtir des fondations solides pour la communauté. Toutefois, précise-t-il, cette éducation ne devra pas être une éducation rigide, du type assimilation mécanique des connaissances. Grundtvig ne veut pas faire naître, au Danemark, un peuple de singes savants. Il veut, en priorité, donner naissance à un peuple faisant preuve de facultés humaines et sociales, qui seront le ciment de la société nouvelle. Opposant « l'école pour la mort », *skolen for døden* (oui, l'expression est forte), école des froides connaissances, école savante, obsédée par les notes – en un mot, l'école élitiste –, à « l'école pour la vie », *skolen for livet*, l'enseignement grundtviguien valorise l'épanouissement des élèves et la cohésion de la classe au travers de méthodes d'enseignement collectif, de la pratique du chant, entre autres[3].

C'est une révolution qui entraîne l'élaboration d'un véritable apprentissage émotionnel, tourné vers l'épanouissement des étudiants et la formation du collectif au sein des écoles publiques. Si les choses ont bien évidemment évolué depuis cent cinquante ans, l'héritage de Grundtvig, lui, est resté intact. Comme me l'a confirmé la descendante directe du pasteur, Anne Kjems, elle-même ancienne enseignante à l'école danoise, « les idées de [son] arrière-arrière-grand-père sont toujours présentes à l'école danoise » et cette permanence du legs grundtviguien justifie le fait que cette école cherche toujours à « cultiver l'esprit de la communauté tout en donnant le sentiment à chacun d'être légitime à prendre la parole pour exprimer son opinion et respecter celle des autres… quel que soit son niveau en mathématiques. » Cultiver l'esprit de la communauté : Grundtvig a initié le labour et nous continuons, nous, Danois, de semer.

L'empathie s'enseigne à l'école danoise

L'école danoise est l'héritière directe des préceptes de Grundtvig. À ce sujet, la *Folkeskoleloven* (loi régissant les écoles publiques, allant de la primaire au lycée) nous offre des informations très intéressantes quant aux fins de l'école danoise. Les *Folkeskole* doivent « contribuer à la compréhension d'autres cultures » et « développer des méthodes de travail et d'immersion donnant envie de travailler, pour que les élèves développent leurs capacités d'apprentissage, d'imagination, qu'ils prennent confiance en leurs propres capacités, pour qu'ils soient capables de prendre position et d'agir dans la société[4] ». Une petite précision : les écoles danoises n'ont pas de réel programme imposé par l'État ; elles sont relativement indépendantes, encadrées par une feuille de route et inspectées régulièrement. Cette autonomie leur offre la possibilité d'adapter l'enseignement aux différents territoires, et ainsi de construire des projets collectifs, en même temps qu'elle donne davantage d'importance au rôle tenu par les professeurs, les parents d'élèves, les élèves et les collectivités locales pour élaborer les politiques éducatives[5].

Autre particularité de notre école : le groupe de classe demeure le même de la primaire à la fin du collège et conserve le même professeur principal, voire la même salle. Si bien que les élèves finissent par devenir un peu comme les membres d'une même famille. On passe du temps ensemble en dehors des cours, on sort ensemble, on fête les anniversaires et l'on reste en contact des années après, une fois adultes. Je crois que c'est une dimension non négligeable de notre apprentissage : on apprend à se connaître et à s'apprécier, tout du moins à s'accepter, malgré des différences profondes. En outre, toujours en accord avec les idées du pasteur-philosophe, évaluations, notes et redoublement sont proscrits. On s'en tient, jusqu'à l'âge de 14 ans, aux appréciations bienveillantes. Le but n'étant pas de juger l'élève, mais de lui donner confiance en lui et en les autres. Qu'il ne prenne pas ses erreurs ou ses lacunes pour une fatalité mais plutôt comme un apprentissage ou une possibilité de s'améliorer.

Une heure pour l'empathie

En 1975, une réforme importante de l'enseignement officialise la création d'un temps dédié à l'« apprentissage de l'empathie », afin de développer l'esprit de communauté et de cohésion dans toutes les écoles, pour tous les niveaux : l'« heure de la classe », ou *klassens time*. Attention, il ne s'agit pas d'enseigner, à proprement parler, l'intelligence émotionnelle. Aiguiser la faculté de voir, comprendre et accepter l'autre, cela ne fonctionne pas comme les leçons de mathématiques ou de grammaire. Un manuel ne suffit pas, ce serait trop simple. L'empathie, c'est une discipline collective, un effort constant.

À partir de la mise en place de cette réforme, toutes les écoles danoises ont dû consacrer une heure par semaine à l'écoute et à la discussion. Pendant une heure, je m'en souviens, nous étions encadrés par notre professeur et invités à parler de ce qui se passait dans la classe. « Untel s'est montré agressif envers untel », « Untel a perdu sa grand-mère et il est triste », « Untel a été blessé par une remarque d'un autre », etc. De ce qui se passait dans la classe, mais aussi chez nous. On nous apprenait à exprimer nos émotions et à comprendre celles des autres. C'était un moment chaleureux de partage et de communion, d'empathie par excellence.

En 2014, si une nouvelle réforme de l'enseignement a davantage tourné ces « cours d'empathie » vers le développement du bien-être des élèves et la lutte contre le harcèlement scolaire, il n'en demeure pas moins que l'apprentissage du respect de l'autre, sa compréhension sont toujours au cœur de l'école danoise. L'« heure de la classe » n'est plus obligatoire une fois par semaine à l'école, mais le gouvernement a instauré ce qu'il appelle le « temps pour la classe », ce qui représente environ 30 heures dans l'année scolaire. On apprend donc toujours l'empathie, c'est une base dans notre système scolaire. Jonas Lieberkind, chercheur en sociologie de l'éducation à l'université d'Aarhus, présente ainsi le « temps pour la classe » : « Différentes activités d'apprentissage qui visent à soutenir l'enseignement académique, y compris la préparation des élèves à l'acquisition de compétences sociales, leur motivation et leur bien-être. » C'est une chose intéressante à noter : lorsque, pour l'écriture de ce livre, j'ai interrogé différents membres du corps enseignant et certains chercheurs danois, ils n'ont pas parlé de l'« empathie » comme étant un objectif en soi, mais plutôt du but que cet enseignement vise : former des communautés égalitaires où chaque personne se sente légitime et en confiance.

Cultiver l'écoute et la compréhension des autres

Pour en savoir plus sur le fonctionnement de ces cours aujourd'hui, j'ai demandé à un jeune adolescent, Albert, scolarisé à la Rungsted Skole, de me parler de son expérience à l'école. Un dialogue amusant commence alors entre nous, et je comprends immédiatement que l'adolescent est étonné que je m'intéresse à cet enseignement, car pour lui rien de plus normal que d'apprendre à maîtriser ses émotions, à se complimenter…

Concrètement, cela ressemble à des ateliers sortant du cadre purement scolaire : « Notre professeur nous fait regarder des films sur des sujets autour du harcèlement ou du sentiment de solitude et d'exclusion. Ensuite on se met en groupe pour discuter, et chacun a l'opportunité d'exprimer son avis sur le sujet et surtout de proposer des solutions. » Grâce à une interaction continue, on apprend à se faire une opinion, tout en faisant preuve d'écoute. Des compétences, on le voit tout de suite, cruciales tant pour l'épanouissement immédiat du jeune élève que pour son avenir.

Les émotions sont placées au cœur de cet enseignement : « On nous apprend qu'il ne faut jamais garder une blessure pour nous, mais en parler à nos parents, au professeur ou à un ami. Et on nous dit que c'est très important de savoir comment exprimer ses émotions pour que les autres nous comprennent mieux », poursuit Albert. L'un des objectifs de ce « temps pour la classe », c'est aussi de faire en sorte que l'élève se sente légitime, qu'il ait confiance en lui. Pour cela, il doit être valorisé : « Toutes les trois semaines, une personne de la classe se met dans ce que l'on appelle la “chaise chaleureuse”, et les autres élèves lui font des compliments. C'est toujours un moment agréable, car au quotidien on ne se dit pas forcément ce genre de choses. C'est aussi très bien pour mieux connaître ceux avec qui on parlait moins dans la classe », m'explique l'adolescent. Valoriser l'autre, oui, mais aussi aller au-delà des différences. Complimenter quelqu'un, cela peut être difficile. C'est d'ailleurs ce que je constate dans les entreprises, où il y a souvent un sentiment d'absence de reconnaissance. Les gens ne se sentent pas valorisés, et de manière générale j'observe que les managers ne savent pas toujours comment faire des compliments. Cela peut sembler anodin, même trivial. Et pourtant, ce temps change tout. Et cela dès l'enfance, pour la classe, et surtout pour les élèves. Quand quelqu'un est différent ou fermé aux autres, on cherche à comprendre pourquoi il ou elle est comme ça. Cela peut être lié à son milieu, ou peut-être au fait que la personne est timide. On respecte la différence mais on essaie ensuite d'inclure cette personne dans la collectivité.

J'ai sollicité l'avis du professeur d'Albert sur ces cours d'empathie. « C'est ultra important qu'ils comprennent que le niveau intellectuel de quelqu'un ne définit pas sa valeur en tant qu'être humain », m'explique Casper Hyltoft, professeur âgé de 30 ans, dont l'allure dégage une naturelle bienveillance. Mais alors, comment organise-t-il ses cours ? En fonction de la situation. Car, s'ils sont pensés à partir d'objectifs précis (par exemple : apprendre à se connaître, développer le sens du collectif, comprendre l'autre ou être curieux), « il n'y a pas de livre théorique ». Il faut faire en fonction des cas, des problématiques qui émergent dans la classe. Aussi le professeur privilégie-t-il certains dispositifs, notamment les excursions en forêt où, échappant au cadre scolaire, les élèves se sentent plus libres d'exprimer leurs émotions. Pour conclure notre entretien, je lui ai demandé comment il concevait son rôle en tant qu'enseignant. Sa réponse, révélatrice, indique combien l'apprentissage de l'empathie ne se limite pas à des « cours », mais suppose une approche renouvelée de la transmission du savoir. « Il faut donner de soi et être authentique et sincère avec les élèves pour avoir un effet réel sur eux. Je crois que l'enseignement doit aussi être conçu de manière holistique pour optimiser l'envie d'apprendre. Pour ma part, afin d'encourager les élèves, encore plus ceux qui ont des difficultés, je donne toujours le sentiment d'un succès, j'insiste sur les points positifs. Ils savent que je les aime beaucoup et qu'ils peuvent compter sur moi. »

Alors si vous entrez dans une classe de jeunes Danois, ne soyez pas étonnés. Vous verrez, par exemple, des enfants de 6 ou 7 ans raconter une histoire racontée par leur professeur, en la dessinant sur le dos de leur camarade. À la fin, chaque élève remercie son voisin de lui avoir « prêté son dos », un excellent moyen de créer un contact plus chaleureux entre chacun. Comme l'a exprimé une professeure danoise qui enseigne ces cours, « c'est plus difficile de détester ou de se moquer d'une personne que l'on a touchée ». Vous verrez également des élèves apporter un ours en peluche à un camarade en larmes, d'autres lui faire un câlin.

Ce que l'on peut retenir de l'école danoise, c'est d'abord qu'elle a fait de l'empathie l'une des pierres angulaires de son enseignement. Elle porte davantage attention à l'épanouissement personnel, à l'estime de soi et au développement de la personnalité, plutôt qu'à l'élitisme ou à la performance. La notion de sécurité psychologique joue ici un rôle clé, comme nous le voyons au travers des différents ateliers mis en œuvre par les professeurs. Une sécurité psychologique qui vise à donner une place véritable à l'élève, au sein de la communauté que forme la classe. Une sécurité psychologique qui lui permet de se sentir compris et accepté, de pouvoir faire part de ses états émotionnels. Une sécurité psychologique qui encourage sa participation en classe, sans craindre d'être jugé par les autres.

La seconde chose à retenir, qui explique l'efficacité du système scolaire danois dans son ensemble, c'est que l'école dispose d'une définition très précise du bien-être. Selon un rapport produit par une commission d'experts en 2014[6], le bien-être à l'école doit être considéré comme « l'expérience d'une personne, s'agissant de sa santé physique, de ses émotions, de son engagement, de sa sensibilité, de ses liens sociaux, de la croyance que l'on peut réussir si l'on fait un effort ». Toujours selon ce rapport, l'école doit réaliser ces possibilités en « favorisant la curiosité, l'esprit d'entreprise, l'apprentissage et la créativité d'une personne, et donc le développement de compétences à la fois professionnelles, individuelles et sociales chez chaque étudiant ». Le bien-être n'est donc pas simplement compris comme un indicateur, mais bien comme un objectif et, en tant que tel, comme un programme à mettre en œuvre. Et si le gouvernement danois a instauré ces « cours d'empathie », c'est principalement afin de former un citoyen vertueux, soucieux des autres, désireux d'échanger, capable de se mettre à la place de ses concitoyens*. En bref, un citoyen qui se sent légitime de partager son opinion tout en écoutant et en respectant celle de l'autre. Je pense que l'école est aussi faite pour cela.

Les Højskole *et* Efterskole – *des exceptions danoises*

J'aimerais présenter deux « exceptions » scolaires danoises qui sont révélatrices de notre approche, et de notre héritage philosophique. D'abord, il y a les fameuses *Højskole*, sortes d'« écoles de la vie ».

---

* L'article 1 du *Folkeskole Act* (loi datant de 2000, qui régit le fonctionnement des écoles au Danemark) stipule que les écoles doivent « créer les conditions permettant l'expérience, le travail et l'assimilation de valeurs nécessaires à faire des écoliers de bons citoyens démocratiques ».

Oublions tout ce que l'on sait de l'école ; ici, rien ne se passe dans la tradition des « hussards noirs ». Les *Højskole* sont réservées aux adultes. Il s'agit d'un modèle d'école populaire, c'est-à-dire ouverte à tous, dont le premier objectif est d'aider les citoyens à développer des compétences personnelles, humaines et sociales. Conformément aux préceptes de Grundtvig, les examens sont interdits, les emplois du temps flexibles, l'idée étant davantage de passer du temps « en communauté » que d'être sanctionné ou évalué de quelque façon que ce soit. La première *Højskole* est créée en 1844 ; depuis elles ont essaimé partout dans le pays, et on en compte maintenant plus de 70. Dans la *Højskole*, vous apprenez des choses qui vous intéressent vraiment, vous pouvez explorer vos passions parmi les 200 sujets à étudier. Ainsi, dans ces écoles, le programme, conçu en direct par les élèves et les enseignants, est flexible. Mais, surtout, vous apprenez à vous écouter et à vous comprendre, ainsi qu'à écouter et à comprendre les autres. On y renforce le goût du collectif. On y apprend la bienveillance à l'égard de l'autre et de soi. Ce sont de véritables écoles de vie qui, encourageant le mélange des individus, musclent l'empathie de chacun.

Autre exemple spécifique, les *Efterskole*, qui fonctionnent comme des écoles-internats, une forme de pensionnat unique au Danemark, où les élèves âgés de 14 à 17 ans peuvent choisir de passer un ou deux ans, avant de poursuivre leurs études secondaires ou supérieures. Actuellement, nous en comptons près de 250, qui attirent environ 28 500 élèves de toutes les strates de la société.

La première *Efterskole* a été fondée en 1851 par le pédagogue Christen Kold, qui s'est inspiré des idées éducatives de Grundtvig. Comme pour les *Højskole*, l'esprit de communauté, la solidarité et la convivialité sont des concepts clés qui reposent sur l'idée de combiner l'enseignement avec un apprentissage plus approfondi du monde, de soi-même et des autres, afin de se roder à tous les aspects de la vie, y compris la compréhension de notre place dans la société. Des recherches ont montré que les jeunes qui ont fréquenté ce type d'école sont mieux préparés aux études supérieures et qu'ils obtiennent de meilleurs résultats. Les élèves témoignent aussi du fait que ce type d'enseignement décuple leur envie d'apprendre.

Se libérer du harcèlement

S'il y a bien un fléau qui préoccupe celles et ceux dont la mission est de veiller au bon fonctionnement du système scolaire et plus largement de l'école, ce sont les violences entre élèves. Le harcèlement, qui inclut les violences physiques et verbales répétées, est une forme grave de rejet de l'autre, que les phénomènes de groupe, en classe, dans la cour de récré, peuvent accentuer.

Fri For Mobberi, littéralement « libre des harceleurs » en français, est le nom donné à un programme danois novateur qui vise à combattre le harcèlement, en particulier au sein du milieu scolaire. Son origine remonte aux années 1990, période marquée par une prise de conscience croissante des conséquences dévastatrices du harcèlement sur la santé mentale et le bien-être des individus, en particulier sur les enfants et les adolescents. Les autorités danoises ont réagi de manière proactive en développant ce programme, conçu pour prévenir et combattre le harcèlement, promouvoir un environnement éducatif respectueux et encourager l'empathie et la bienveillance au sein de la société.

En 2005, deux ONG renommées au Danemark[7], la Fondation Mary – fondation de notre princesse héritière, Mary de Danemark – et la fondation Save The Children, dont la volonté commune est de développer les compétences psychosociales et de favoriser le vivre-ensemble, créent et diffusent le programme Fri For Mobberi, avec le soutien de la recherche universitaire du pays. Ce programme, qui a pour ambition de prévenir les situations de harcèlement scolaire chez les enfants de 0 à 9 ans, repose sur plusieurs piliers essentiels[8]. Il vise à éduquer et à sensibiliser les jeunes dès leur plus jeune âge sur les conséquences du harcèlement, mettant en avant des valeurs telles que le respect, la tolérance et la diversité. Des ateliers, des sessions d'information et des activités pédagogiques sont ainsi déployés dans les écoles pour transmettre ces valeurs et favoriser un climat propice au respect mutuel, la fameuse sécurité psychologique que j'ai évoquée précédemment.

Le déploiement de Fri For Mobberi au Danemark est important et bien structuré[9].

Les écoles danoises intègrent ce programme dans leur enseignement, ce qui permet aux élèves de comprendre les répercussions du harcèlement et de développer des compétences sociales pour le prévenir. Les enseignants, les parents et les élèves sont impliqués activement dans ce processus, ce qui renforce la cohésion et la responsabilité collective vis-à-vis du phénomène. Aujourd'hui, 40 % des crèches, 60 % des écoles maternelles et 45 % des écoles élémentaires utilisent[10] ce programme dont l'influence a largement dépassé les frontières du Danemark. Il est désormais étendu à plusieurs pays tels que l'Estonie, le Groenland et l'Islande. Il a su convaincre 70 % des professionnels qui l'ont adopté, appréciant son efficacité[11]. En effet, les enfants bénéficient d'une plus grande empathie et d'un esprit collectif amélioré, ce qui facilite la résolution des conflits. Quand l'actuel ministre de l'Éducation nationale français, Gabriel Attal, a décidé de faire un déplacement au Danemark, le 22 septembre 2023, afin d'observer de ses propres yeux la façon dont l'empathie est utilisée en classe pour lutter contre le rejet de l'autre, j'ai eu l'honneur de pouvoir l'accompagner. Nous avons visité une école et échangé avec les élèves et les enseignants. Il me semble que le ministre, sensible à ces problématiques et à l'approche moderne, a été marqué par ce qu'il a vu. Si bien que, quelques jours plus tard, il a annoncé[12] la création de cours d'empathie dans les écoles françaises pour lutter contre le harcèlement. Un premier mais grand pas vers l'apprentissage de l'empathie.

L'empathie, clé du bien-être des élèves

Ces cours d'empathie fonctionnent. Bien sûr, il y a dans l'école danoise des violences, du harcèlement… comme partout ailleurs. Cependant, les sondages de bien-être, très importants au Danemark, qui font l'objet d'une investigation continue pour en améliorer la précision, démontrent la réussite globale du système scolaire. En 2021, le bien-être général des élèves s'élevait à 91 % ; 95 % des élèves danois disaient se sentir acceptés comme ils sont et 80 % ne craignaient pas d'être moqués à l'école. Voilà trois éléments qui permettent d'affirmer que l'apprentissage de l'empathie se traduit par une inclusion forte des élèves. Elle stimule la tolérance. Elle développe le respect. Nourrit le collectif. C'est évidemment essentiel pour faire des écoles autre chose que ces établissements où l'on se rend en traînant les pieds. Une école heureuse : c'est aussi ça, l'objectif.

Moyen et méthode pratique, l'empathie permettra à l'élève, futur architecte de la société, de déployer des compétences prosociales absolument indispensables. Respect de l'autre. Écoute. Modération. Volonté de construire. Telles sont les aptitudes qui ont une véritable influence sur le fonctionnement de la société danoise.

8
Empathique comme un Danois

Les Danois ont réussi à établir une société où les inégalités sont atténuées, où le système de santé affiche une efficacité enviable, et où la confiance envers les institutions et les concitoyens est élevée. Mon aspiration à diffuser le modèle danois en matière d'empathie et de bien-être n'est pas une simple lubie, mais une quête de solutions pour remédier aux maux de nos sociétés industrialisées. Les chiffres montrent que les sociétés qui encouragent l'empathie et la confiance connaissent une meilleure qualité de vie globale, avec des effets bénéfiques sur la santé mentale, la cohésion sociale et la productivité économique. Ainsi, il est clair que le désir de ressembler au Danemark, comme le suggère Francis Fukuyama, révèle un appétit croissant pour une société où l'empathie est monnaie d'échange, conduisant à une amélioration significative du bien-être collectif.

Attention, le Danemark n'est pas une nation où ne règnent que paix et concorde, une sorte de meilleur des mondes. C'est impossible et ce serait louche. Aucune société n'est immunisée contre la violence, le rejet de l'autre, les tensions sociales et politiques. Il y a bien sûr au Danemark des problèmes et des conflits, des personnes qui jugent les autres de manière radicale sans essayer de les comprendre. Pour autant, en matière d'empathie et de confiance, ce pays est un exemple intéressant. Et comme tout exemple, il invite à la réflexion.

Connaître la valeur de l'autre

Pour un Danois, l'autre a toujours une valeur. La question de la légitimité de chacun (de sa parole, de sa place dans la hiérarchie sociale) est beaucoup moins présente au Danemark qu'en France ; cela ne fait tout simplement pas partie de notre culture, de notre façon de nous percevoir les uns les autres.

Il existe bien sûr des hiérarchies, plus ou moins tacites, plus ou moins tenaces, des inégalités, des gens riches et des gens plus pauvres, mais nous cherchons en permanence la valeur de l'autre. C'est peut-être ce qui explique que les Danois font partie des peuples les plus heureux au monde ? Depuis le premier questionnaire européen sur le bien-être, en 1973, le Danemark arrive en effet toujours en tête des classements internationaux. Dans le dernier World Happiness Report, il est encore placé en seconde position, juste après la Finlande, avec un score de 7,804. Précisons que le Danemark a été numéro 1 trois fois sur cette liste. Ce niveau de bien-être, qui peut étonner, et auquel j'ai d'ailleurs consacré un précédent ouvrage, *Heureux comme un Danois*, est intimement lié à notre culture et aux ressorts de notre société.

Pour connaître la place de l'autre, encore faut-il pouvoir s'y intéresser. Très jeunes, les Danois sont invités à trouver un petit « job ». Dès 13 ans, et même s'ils n'en ont pas besoin financièrement, ils travaillent. Quelques heures par semaine, guère plus. Ces petits boulots ont une grande vertu sociale : ils offrent aux jeunes l'opportunité de découvrir un autre milieu, de se glisser dans la peau d'une autre personne. Cela vaut aussi pour ceux qui feront les plus grandes et prestigieuses études. Tous mes amis aujourd'hui avocats, médecins, philosophes ont travaillé plus jeunes dans de petits restaurants, à la plonge, ont distribué des prospectus, etc.

Moi-même, adolescente, j'ai vendu des journaux à l'hôpital et j'ai fait le ménage dans un cabinet d'expert-comptable deux fois par semaine. Contre toute attente, je m'y rendais avec plaisir, m'estimant chanceuse de pouvoir découvrir de nouvelles choses, et aussi, bien sûr, de gagner un peu d'autonomie avec mon propre argent de poche. De pouvoir vivre ces expériences qui nous marquent et nous forment.

Une autre chose pourra étonner un Français qui arrive au Danemark : notre relation aux éboueurs. Dans la rue, ceux-ci sont sans cesse salués, valorisés, parce qu'ils accomplissent une tâche indispensable pour la société. J'ai interrogé à nouveau Albert, ce jeune élève danois, sur ce qu'il pensait des éboueurs, et voici sa réponse : « Ils font un travail très important et respectable, surtout que ce n'est pas le travail le plus facile, donc je les apprécie beaucoup. » Quand j'étais petite, on leur offrait même des cadeaux pour Noël. C'est ainsi que l'on exprimait notre reconnaissance générale, que l'on faisait preuve d'empathie. C'est aussi un moyen de démontrer à chaque occasion que nous sommes tous des morceaux d'une même collectivité, que nous fonctionnons ensemble. Il en résulte qu'un Danois est naturellement très attentif aux « invisibles », à ceux que l'on dit « petits » et que l'on pourrait avoir parfois tendance à dénigrer parce qu'ils n'ont pas le même niveau d'études.

Rester humble et modeste

La « loi de Jante » est un concept inventé en 1933 par l'écrivain Aksel Sandemose[13], mais issu d'une vieille tradition danoise. Il s'agit d'une philosophie de vie tournée vers l'humilité, constituée de principes culturellement enracinés et censés mener à la vie « bonne », que l'on pourrait résumer ainsi : « Ne crois pas que tu es meilleur que les autres. » En un mot, « Sois humble et modeste ». Et ceux qui suivent cette philosophie – en réalité la plupart des Danois – ne s'en cachent pas ; ils ne font pas partie d'une société secrète, une sorte de « club des modestes » qui répandrait, ici et ailleurs, la « bonne humilité ». Non, cette règle essentielle, nous la pratiquons majoritairement. Elle fait partie de nous. Et elle explique, en quelque sorte, notre façon d'être avec les autres.

En effet, comment voir l'autre, le comprendre et l'accepter si, a priori, je le considère comme un incapable, un nul, si je me considère supérieur, comme le plus fort, le plus intelligent, un peu comme dans la fable de La Fontaine, « Les Deux Mulets[14] » ? Vanité et orgueil sont rarement récompensés. En réalité, ce qui peut provoquer chez les Danois un jugement fort où l'empathie s'efface, c'est justement d'être confronté à un être qui se croit supérieur. Je suis convaincue que la modestie est une porte ouverte à l'autre qui lui permet de faire un pas en avant sans qu'il se sente menacé. Tout comme l'empathie, elle est une forme d'hospitalité relationnelle. D'ailleurs, selon une étude de psychologie, les gens humbles sont davantage solidaires que les gens prétentieux[15]. « Sois humble et modeste » : formule magique qui convoque l'écoute, l'échange et l'entraide.

Le royaume de la confiance

La société danoise se distingue par sa remarquable confiance mutuelle, un aspect fondamental de son modèle social et économique. Cette confiance s'étend à tous les niveaux de la société, des interactions quotidiennes aux relations avec les institutions gouvernementales. Cette culture de la confiance est souvent citée comme un facteur clé de la prospérité et du bien-être au Danemark.

Une manifestation de cette confiance se trouve dans le système de sécurité sociale. Les Danois paient des impôts élevés, mais ils ont également la certitude que ces ressources seront utilisées pour soutenir ceux qui en ont besoin. Et cette confiance dans le système redistributif découle d'abord du fait que le pays se classe parmi les moins corrompus du monde[16]. Cette confiance s'explique aussi grâce à une forte communication du gouvernement quant à l'usage qui est fait des impôts, qu'il s'agisse de l'attribution de prestations compensatoires favorisant une faible inégalité des revenus, de la garantie de soins, d'éducation ou de protection sociale… pour tous les citoyens. C'est une façon bien réelle de traiter avec empathie le contribuable en anticipant ses craintes et ce fameux sentiment, assez présent en France, de se faire « voler » son argent.

Le Danemark se classe constamment parmi les pays les mieux notés en matière de confiance dans les institutions gouvernementales et dans les médias, tandis que 73,6 % des Danois estiment pouvoir faire confiance à leurs concitoyens[17]. Par exemple, il n'est pas rare de voir dans la rue, aux abords des cafés, des bébés laissés pendant des heures dans leur poussette par de jeunes mères venues retrouver leurs amies. Sans aucune peur, ces mères ne se presseront pas, elles prendront le temps de savourer leur café ! Sont-elles toutes irresponsables ? Non, car elles savent que leur enfant est autant en sécurité à l'extérieur qu'à l'intérieur. Et ce genre d'exemple ne manque pas. De manière générale, les Danois font confiance, point final. C'est inscrit dans leur mentalité. Tout cela suppose réciprocité. Je te fais confiance autant que tu peux me faire confiance… Notre confiance est un lien, elle crée un climat propice à la coopération, à l'empathie et à la résolution collective des problèmes. Je dirais même plus, la grande confiance est un pilier essentiel du modèle social danois et de sa qualité de vie en ce qu'elle crée un cercle vertueux, qui renforce à son tour le bien-être collectif et la cohésion sociale.

Avoir le goût de la modération

Bien sûr, il existe au Danemark, comme partout ailleurs en Europe, des mouvements plus radicaux. L'actuel gouvernement danois, représenté par Mette Frederiksen, Première ministre de centre gauche (Socialdemokratiet), a d'ailleurs pris des positions jugées assez dures en matière de politique d'immigration. Lors de l'élection du parlement en 2015, le parti d'extrême droite Dansk Folkeparti avait récolté plus de 20 % des votes, alors qu'il a seulement obtenu 2,6 % des votes en 2022. Les positions fermes de Mette Frederiksen en termes d'immigration ont sûrement participé à cette chute : quand les Danois se sentent entendus et compris, ils préfèrent laisser les extrêmes de côté.

C'est que nous avons le goût de la modération. Nous apprécions les compromis, parce qu'ils sont au cœur de la démocratie. Faire des choix communs, cela suppose de comprendre et d'accepter le compromis. La démocratie a besoin de bienveillance et de conciliation.

Premier exemple. Lorsque le gouvernement danois a décidé de réformer les retraites en faisant passer l'âge de départ à 67 ans, les Danois ont peu protesté. Font-ils l'objet d'une pression gouvernementale ou d'un lavage de cerveau, comme dans *1984* de George Orwell ? Bien au contraire, les Danois sont encouragés à exprimer leurs opinions et à participer activement à la vie politique, mais cette participation est teintée d'une conscience aiguë de l'impact de leurs mots sur les autres. Une étude menée par Pew Research Center a révélé que le Danemark était l'un des pays les plus tolérants d'Europe en ce qui concerne la liberté d'expression, mais aussi l'un des pays où les citoyens étaient les moins enclins à soutenir des discours offensants ou discriminatoires. Cette préoccupation pour les conséquences de ses propos est enracinée dans la culture empathique du pays, qui valorise la considération pour les sentiments et les points de vue des autres. Il n'est donc pas étonnant que le Danemark connaisse une très forte participation aux élections[18]. À titre d'exemple, 84,6 % des Danois ont voté aux élections parlementaires en 2022.

J'ajoute que la réforme des retraites a été vite comprise, malgré les oppositions de principe – pour la plupart idéologiques –, comme l'unique moyen de préserver le collectif et la qualité de notre système social. C'est un effort que nous avons majoritairement accepté de faire. En démocratie, l'empathie, c'est aussi cela : faire l'effort de comprendre pourquoi les choses arrivent. Non pas se résigner, mais accepter qu'elles puissent parfois aller dans une autre direction que celle désirée. L'effort du collectif, la volonté de le préserver en « sauvant » un système, tel que le système des retraites, est un effort empathique.

L'éducation aux médias joue également un rôle crucial dans la modération du débat public. Les médias danois sont encouragés à fournir des informations équilibrées, à éviter le sensationnalisme et à favoriser des discussions éclairées. Ce n'est pas toujours le cas pour autant, surtout avec la presse à scandale. Mais, en général, les Danois sont connus pour avoir un niveau relativement élevé de confiance dans les médias et pour multiplier leurs sources d'information[19]. Cette confiance découle de la croyance en la responsabilité des médias à informer objectivement et à contribuer à un débat public sain.

Un autre exemple parlant de ce goût de la modération se trouve dans le nouveau gouvernement danois. À la suite des élections, en novembre 2022, une coalition s'est formée entre Socialdemokratiet (parti de gauche), Venstre (parti de droite) et De Moderate (parti du centre). Peut-on imaginer une seule seconde une telle situation en France ? À l'heure où j'écris ces lignes, le président Emmanuel Macron a lancé un projet de gouvernement d'union nationale qui réunirait tous les partis de France, toutes les tendances. Mais déjà ce projet suscite de nombreuses critiques, et je crains qu'il ait du mal à aboutir, car les oppositions sont vraiment fortes.

Au Danemark, c'est un peu différent. Comme l'a dit notre Première ministre après l'annonce de la formation du nouveau gouvernement : « Nous voulons réussir ensemble malgré nos différences politiques, parce que c'est ce qui est le mieux pour le Danemark. »

Ainsi, personne ne dit que les hommes politiques de droite, ou de gauche, se compromettent, « pactisent avec le diable ». Juste qu'ils font preuve d'intelligence. Nous estimons que faire des choix communs, cela suppose de comprendre et d'accepter que même si nos points de vue divergent sur des questions aussi importantes que la sécurité, l'économie, l'immigration, ils restent conciliables. Je ne sais pas si notre gouvernement va réussir ce beau pari, et bien sûr que se posent déjà quelques problèmes, que les différences achoppent sur certains points, mais il constitue un signal fort et symbolique en faveur du consensus dans la démocratie. Le philosophe Étienne Klein, qui fait l'éloge de la nuance et a le goût du compromis, pourra y trouver des adeptes…

Respecter la différence

J'aimerais partager avec vous un dernier exemple du Danemark, celui d'une ancienne députée, Özlem Sara Cekic, affiliée à un parti politique d'extrême gauche, auteure notamment du livre *Tak for kaffe*[20] et fondatrice de l'association Brobyggerne (une expression danoise qui signifie, littéralement, « constructeur de ponts »).

Du fait de ses origines turques, de sa religion et de ses prises de position tranchées, Özlem a été la cible de beaucoup de haine par le passé. Mais elle avoue aussi très sincèrement que, durant sa carrière politique, elle s'est retrouvée à fustiger gratuitement et avec virulence des idées qu'elle appréciait, juste parce que l'homme qui les proposait était de droite. Dans son ouvrage, elle explique comment parvenir à une discussion sereine, empathique, avec les autres, en particulier lorsque nous ne sommes pas d'accord. L'ancienne députée s'est engagée au sein de la société pour encourager un dialogue empathique entre des individus en désaccord. « La paix n'est pas l'absence de désaccord, c'est la tolérance de nos différences. Nous ne pouvons être d'accord sur tout et ce n'est pas le but non plus », remarque-t-elle très justement.

Encourager la curiosité de chacun

L'association d'Özlem Cekic me semble être un bon exemple de ce que nous pouvons faire au sein de la société civile pour changer nos habitudes. Ainsi Brobyggerne propose des ateliers dans les écoles pour lutter contre les stéréotypes et aborder les différences de chacun. Mais aussi des cafés inclusifs, où l'on encourage la discussion entre collègues sur le lieu de travail. Des dispositifs de déradicalisation de la pensée, dans les secteurs les plus touchés, notamment les prisons. Le meilleur moyen de limiter l'intolérance et le repli sur soi, c'est d'encourager la curiosité de chacun, et de partager les récits de vie. « Comment ils sont, les autres ? » Je suis certaine que l'on peut réduire le racisme, l'homophobie et toute forme de rejet de l'autre en offrant la possibilité aux individus d'envisager le monde à travers des perspectives nouvelles. Habiter un temps le regard de la différence.

Voir, comprendre et accepter l'autre, comme on peut le lire sur la page de présentation de l'association, « c'est un défi gigantesque et peut-être un processus douloureux, mais c'est le fondement d'une démocratie vitale et durable ». Au fond, simplement vivre ensemble, et travailler à « tisser » le social, pour reprendre la jolie formule du philosophe Abdennour Bidar[21].

Nous arrivons à la fin de cette troisième partie. Il me semble, après cette brève « excursion » dans le modèle danois, que l'apprentissage de l'empathie, s'il n'est pas une solution miracle, est un espoir réel pour faire des enfants les artisans de la société de demain, des gardiens raisonnés, raisonnables et innovants des valeurs qui nous unissent. L'empathie, c'est pour ainsi dire l'intelligence bienveillante. À la fois la méthode et la clé.

IV
Enseigner l'empathie en France

9
Pour une école de l'empathie en France

On ne cesse de le répéter, le XXIe siècle sera celui des grandes transformations. Pour faire face au changement climatique, aux incertitudes géopolitiques, aux problématiques sociales, les individus devront être capables de débattre, sans quoi il sera impossible de trouver des solutions communes, donc efficaces. Cela n'a rien de cosmétique : une société incapable de faire preuve d'empathie, c'est une société incapable de coopérer.

Cette dynamique nouvelle ne peut avoir lieu que dans une société de confiance. Une société qui a appris à se fier à l'autre plutôt qu'à s'en méfier. Une société qui ne cède rien à la tentation du repli sur soi, mais au contraire cultive la curiosité, l'ouverture d'esprit et la compréhension. Une société de la bienveillance plutôt que de la maltraitance. Une société d'individus qui se sentent légitimes, entendus, prêts à agir en synergie. Une société empathique. Et cette société ne se fera pas toute seule, elle a besoin de l'école.

Les Français favorables à la réforme de l'école

Lorsqu'on interroge les Français sur ce qui devrait être fait pour rendre la société plus empathique, la réforme de l'école apparaît comme la solution la plus plébiscitée. Toutes leurs propositions vont dans le même sens : « modifier l'approche de l'Éducation nationale », « changer la façon dont les cours sont enseignés, faire en sorte que les enfants se sentent plus légitimes », « davantage de valorisation », « transmettre des valeurs communes mais aussi s'ouvrir aux autres »[1]. En 2023, au sortir des années Covid, l'école est plus en crise que jamais : 67 % des Français jugent que l'école ne fonctionne plus[2], tandis que 4 000 postes d'enseignants ont été laissés vacants au dernier concours. Sans même parler du nombre de démissions… Il y a d'un côté l'épuisement des professeurs, le manque de valorisation, de l'autre la crainte d'une perte de niveau, l'appel à plus d'autorité… Nous sommes à un tournant.

L'école doit tirer profit de ces « grandes transformations » nécessaires pour repenser le socle de l'enseignement. Elle en est capable. Pour elle, c'est l'occasion de transformer les méthodes classiques de transmission des connaissances, de mettre au même niveau la notion de performance et celle de bien-être. C'est l'occasion pour la société de croire à nouveau que l'école a le pouvoir de faire naître des vocations, et d'apprendre aux élèves à se sentir légitimes, à avoir confiance.

Dans une tribune, la psychiatre Nicole Catheline s'est dite inquiète « du décalage croissant entre notre système scolaire et l'évolution des mentalités[3] ». Ce décalage n'est pas irréversible, il est toujours possible de le corriger. Et c'est vers cet objectif de mise en adéquation entre les attendus de l'époque et les matières d'enseignement que la réforme doit tendre.

L'éducation n'a jamais été un domaine figé. Au contraire, elle a toujours évolué avec son temps, elle s'est toujours adaptée à l'innovation, aux sauts de l'Histoire, aux changements d'état d'esprit. Toute pédagogie est en elle-même une innovation. Pour l'avenir de notre société, il est temps de cesser d'opposer raison et sentiments. Les récentes annonces gouvernementales, en particulier la création de cours d'empathie en France dès 2024, devraient permettre à l'école française d'écrire une nouvelle page de son histoire. Il reste maintenant à concrétiser ce dispositif expérimental et, surtout, à déployer plus largement l'enseignement de l'empathie.

À la poursuite de l'empathie : tour d'horizon

Dans certaines écoles françaises, le bien-être a déjà trouvé sa place. C'est le cas par exemple des écoles Montessori, écoles alternatives où l'enseignement est davantage tourné vers l'épanouissement des élèves et leur autonomie. Cependant, ces établissements sont onéreux et loin d'être accessibles à tous. Le bien-être à l'école ne doit plus uniquement être associé à des structures alternatives : toutes ces méthodes pourraient faire partie intégrante de l'offre de l'école publique, et ce dès aujourd'hui. Il est faux de croire que l'enseignement empathique est réservé à une élite, pour une simple et bonne raison : l'empathie ne coûte pas cher.

D'ailleurs, outre le Danemark, ce type d'innovation pédagogique séduit d'ores et déjà certains de nos voisins européens. Des expérimentations ont par exemple lieu, à l'heure où j'écris ces lignes, en Belgique et en Allemagne[4]. Ces expérimentations méritent que nous nous y attardions un instant. Récemment, l'Allemagne a mis en œuvre des programmes comme Klassenrat, qui se traduisent à l'école par l'organisation systématique de réunions de classe où les élèves sont invités à discuter ouvertement de leurs problèmes et conflits avec les autres, tout en écoutant les points de vue de chacun. Ce sont des ateliers très encadrés, qui ont pour objectif de créer en classe une véritable sécurité psychologique, afin de permettre la compréhension des perspectives des autres et de trouver des solutions pacifiques aux désaccords. La Belgique, de son côté, a mis en place KiVa, un programme de lutte contre le harcèlement dans les écoles primaires développé par l'université de Turku, en Finlande, et financé par le ministère de l'Éducation et de la Culture. Ce programme encourage les élèves à développer des compétences sociales et émotionnelles, notamment l'empathie. Ils apprennent ainsi à identifier et à comprendre les émotions des autres, pour que leurs interactions se fassent dans un cadre de respect mutuel. Les écoles qui ont mis en œuvre ce programme ont d'ailleurs constaté une réduction significative des incidents de harcèlement et une amélioration globale du climat scolaire[5].

Dans de nombreux pays, des cours sur le bien-être sont dispensés dès l'école primaire par des professionnels ou des associations, mais également par des professeurs formés à ces questions. Ce ne sont pas des phénomènes marginaux. Une initiative internationale, Roots of Empathy, a même été lancée dans les années 2000 afin de cultiver, dans différentes écoles, l'empathie chez les enfants. Le succès est tel que le programme Roots of Empathy est maintenant implanté en Nouvelle-Zélande, aux États-Unis, en Irlande, en Angleterre, en Suisse, au Costa

Rica, en Norvège… et même en Corée du Sud. Est-ce que cela fonctionne ? Selon les premiers résultats, l'enseignement de l'empathie a permis de réduire de 50 % l'agressivité entre les élèves, de renforcer les comportements prosociaux, et d'améliorer le bien-être en classe de manière durable[6].

Tous ces ateliers sont ensuite suivis de moments de relaxation, où les élèves sont invités à révéler ce qu'ils ont ressenti, ce qui leur a plu ou déplu. Cela peut sembler superficiel, pourtant la relaxation est un dispositif primordial, y compris au Danemark, ainsi que le souligne le psychothérapeute danois Jesper Juul dans son ouvrage *Empathy: it's what holds the world together*[7]. L'objectif, c'est aussi de mettre en avant le corps des élèves. Que ce corps ne soit pas « oublié de l'école », car l'intelligence émotionnelle passe aussi par l'intelligence physiologique. Apprendre aux élèves à maîtriser leur respiration pour lutter contre le stress, l'anxiété ou le trac, ce n'est pas rien. L'école française accorde encore trop peu de place à ce « partage » du sensible. Créer des moments d'intimité au sein d'une classe, c'est aussi permettre aux élèves de franchir le mur de l'altérité. Dépasser la différence en identifiant ce qui rapproche : nos émotions, nos sentiments, nos corps.

Ces initiatives démontrent que l'on peut faire entrer avec succès les affects et les émotions à l'école. Partout dans le monde, on commence à comprendre l'importance de cette fameuse « école de la vie », pensée par Grundtvig il y a près de deux siècles.

L'empathie en France : quelques expérimentations pionnières

En France, sous l'influence de différents travaux de recherche, les lignes sont déjà en train de bouger, et les regards se tournent vers l'apprentissage de l'intelligence émotionnelle. La réforme des programmes d'éducation civique créant l'enseignement moral et civique (EMC)* en 2015 a marqué un premier pas vers le langage des émotions. Selon les textes officiels, cette réforme vise à développer chez l'élève une « culture de la sensibilité » et, plus

* Si l'EMC reprend, pour partie, les anciens programmes, il instaure le principe d'un enseignement unifié, depuis l'école primaire jusqu'au lycée, avec des horaires consacrés dans la semaine – ce qui n'était pas le cas avant.

intéressant encore, à lui permettre de « s'estimer et d'être capable d'écoute et d'empathie[8] ». « Empathie », la notion est donc officiellement reconnue comme devant faire partie de l'école et de ses enseignements. Ces premières tentatives peuvent servir d'exemple afin de généraliser l'apprentissage de cette forme d'intelligence à l'école.

Par ailleurs, un récent rapport publié par Santé publique France[9] souligne combien il est urgent « d'agir tôt, tout au long du développement de l'enfant et dans tous les milieux » pour cultiver chez les générations à venir des compétences psychologiques jugées indispensables à notre avenir. Ces compétences sont à la fois cognitives (conscience de soi, maîtrise de soi), émotionnelles (conscience et régulation de ses émotions) et sociales (avoir des relations constructives, coopérer). Le développement de ces compétences dites « psychosociales » constitue une priorité pour permettre aux individus de faire « des choix éclairés et raisonnés », de mieux « vivre ensemble » et de « réguler leurs émotions ». La publication de ce rapport, qui démontre combien éducation, santé, bien-être et démocratie sont liés, témoigne d'une certaine sensibilisation de l'État aux enjeux de développement des compétences psychosociales, dont l'empathie fait partie.

Ce rapport a d'ailleurs été le point de départ de ma rencontre avec Rebecca Shankland, qui a participé à sa rédaction et a été une grande source d'inspiration pour l'élaboration de l'ouvrage que vous tenez entre vos mains. Rebecca, en plus d'être chercheuse en psychologie du développement, est responsable de l'Observatoire du Bien-être à l'École. Ses travaux, pionniers dans le domaine de l'éducation émotionnelle et de l'empathie, ont renforcé ma conviction que l'enseignement de cette dernière est une réponse nécessaire aux enjeux sociaux actuels en France. Ils démontrent parfaitement comment les écoles peuvent créer un environnement propice à l'apprentissage de l'empathie, tout en favorisant un sentiment d'appartenance et de sécurité. Enfin, ils reconnaissent que cette « faculté » ne se limite pas à une compétence individuelle, mais qu'elle est également un outil puissant pour résoudre les conflits et promouvoir une société plus inclusive.

Toutes ces recherches peuvent trouver une application concrète. Le sociologue Omar

Zanna, spécialiste de l'empathie, a mis en œuvre des ateliers expérimentaux dans différents établissements français, qu'il détaille dans son livre *Cultiver l'empathie à l'école*[10]. Les recherches menées par le sociologue lui permettent d'affirmer une chose : l'empathie fonctionne. Cultivée à l'école, elle a des effets concrets sur le bien-être des élèves et l'acquisition générale des connaissances. Mais elle permet aussi de lutter contre les situations de violence et de harcèlement scolaire. Comme Zanna l'explique[11], les élèves violents ne sont pas moins conscients que les autres de la loi, ils ont un sens moral et savent, en d'autres termes, ce qu'ils font. On peut bien sûr les punir, mais la punition seule ne suffit pas, car elle ne leur apprend rien. Ce dont ces élèves ont besoin, en revanche, c'est de construire un solide « sens de l'autre ». Ainsi, en mêlant des outils ludiques et pédagogiques, et en se concentrant sur la gestion des émotions et la confiance en soi et en les autres, les ateliers d'Omar Zanna, par exemple le jeu des « trois mousquetaires* », offrent des pistes de

---

* Cet atelier ludique consiste à faire jouer des équipes de quatre élèves, dont trois doivent se tenir dans une position inconfortable – par exemple, les bras tendus vers le ciel et les genoux pliés –, tandis que le coéquipier restant, le joker,

réflexion intéressantes, et surtout démontrent que l'enseignement de l'empathie a des effets positifs, à tous les niveaux et à toutes les échelles. D'une certaine façon, c'est gagnant-gagnant. Mais les conséquences positives le sont encore davantage à plus long terme. Ce qu'il faut avoir en tête, avec l'apprentissage de l'empathie, ce sont les effets positifs sur la société de demain, la possibilité de former des citoyens plus responsables et bienveillants les uns vis-à-vis des autres.

La recette du succès

En parlant de conséquences bénéfiques pour l'avenir, une étude majeure[12] menée par Yann Algan, professeur d'économie à HEC Paris, en collaboration avec l'université de Montréal, a mis en évidence l'impact de l'enseignement des compétences socio-comportementales sur l'insertion économique et sociale des indivi-

---

court autour d'eux selon un parcours défini. Les trois élèves, maintenant leur position acrobatique, peuvent faire appel au joker pour relayer l'un de leurs coéquipiers, mais jamais pour eux-mêmes. Cela suppose donc, de la part de chacun, une forte capacité d'écoute et d'attention aux émotions de tous pour ne pas perdre la partie.

dus à l'âge adulte. Ce travail de recherche met la lumière sur l'angle mort de l'éducation et démontre que l'apprentissage de l'empathie peut être la recette du succès pour la société dans son ensemble. L'étude, lancée au début des années 1980, a suivi un groupe de jeunes garçons issus de quartiers défavorisés de Montréal, considérés à haut risque de violence et de décrochage scolaire. Parmi eux, 250 ont bénéficié d'un programme d'accompagnement axé sur le développement de compétences sociales et émotionnelles telles que la coopération, l'empathie, l'auto-discipline et la persévérance. Le groupe-témoin, quant à lui, a subi les sanctions disciplinaires classiques. Les résultats, observés trente ans plus tard à travers les dossiers scolaires et administratifs, ont révélé des chiffres encourageants. Les jeunes ayant bénéficié de l'enseignement de l'empathie avaient 30 fois plus de chances d'accéder à l'enseignement supérieur. Leur salaire moyen était de 20 % supérieur à celui des autres, et ils étaient 40 % moins nombreux à recourir à des aides sociales. En outre, ils étaient 20 % moins susceptibles d'avoir un casier judiciaire. Ces statistiques soulignent l'impact significatif de l'enseignement de l'empathie sur la réussite éducative, économique et sociale.

Le développement de compétences en matière de coopération et de résolution collective de problèmes est crucial pour l'avenir de la société. L'enseignement de l'empathie en France pourrait aider à combler les lacunes actuelles en matière de confiance en soi et de compétences sociales. En effet, les compétences de la France en résolution de problèmes[13] la placent actuellement en dernière position des pays de l'OCDE. En s'inspirant des résultats de cette étude visionnaire, la France a l'opportunité d'investir dans un changement positif et durable de l'éducation, pour former une nouvelle génération d'individus dotés de compétences émotionnelles essentielles au succès économique et social.

10
L'empathie en 36 heures

Toucher à l'école, c'est toucher à la société entière. Et j'ai bien conscience que d'autres problématiques, aujourd'hui, alourdissent les volontés de réforme. Entre le débat sur l'attractivité du métier, la revalorisation des salaires, entre ceux qui sont en colère parce que l'école perd en qualité académique, ceux qui souhaitent plus de discipline ou encore ceux qui trouvent qu'il faut plus de pédagogie et de souplesse, tout le monde a un avis sur la question. Mon intention n'est ni d'ignorer ces différentes problématiques, ni de me prononcer sur chacune d'elles.

Je veux défendre une réflexion transversale sur la façon dont le système scolaire, dont l'enseignement, dont l'école pourraient être repensés, une réflexion inspirée du modèle danois selon lequel j'ai été éduquée. Aujourd'hui, je pense que notre priorité doit être d'offrir à tous les enfants une base de connaissances solide, mais aussi de leur apprendre à vivre ensemble, de disposer de compétences émotionnelles, considérées par l'OCDE comme les compétences clés de demain. Des compétences essentielles au bien-être des individus, à leur bonheur comme à leur réussite. C'est ainsi que j'ai élaboré un programme de cours d'empathie en 36 séances, pour 36 heures, qui va dans le sens de la récente dynamique initiée par le gouvernement français. Un programme qui, cependant, ne vise pas seulement à lutter contre des phénomènes de violence, mais bien à forger chez tous les élèves de véritables facultés de gestion des émotions, de compréhension et d'acceptation des autres. Un programme « citoyen », dont la vertu profonde est de préserver la démocratie.

Avant de présenter ce programme, je voudrais en détailler la genèse.

Depuis quelques années, je donne à Sciences Po Paris des cours sur l'impact qu'ont le bien-être et l'empathie sur la performance. Ces cours m'ont permis d'élaborer un programme destiné à enseigner l'empathie dans les écoles françaises. Cependant, c'est une chose d'enseigner à de jeunes adultes, c'en est une autre d'apprendre l'empathie à des enfants. J'ai donc voulu, avant de compléter mon programme, mieux comprendre les attentes de ce « jeune public » et de quelle façon, concrètement, des ateliers d'empathie pouvaient être mis en place à l'école primaire ou au collège. Voilà donc comment ce programme est né.

Un premier pas vers l'empathie

Dans le cadre de la rédaction de ce livre, j'ai contacté Agnès Cornet, professeure documentaliste et psychothérapeute spécialisée en psychologie positive, qui a créé au collège Jacques-Prévert, à Paris, des ateliers pour développer les compétences émotionnelles.

Au cours de l'année 2022, j'ai eu la chance d'assister à certains de ces ateliers dirigés par Agnès Cornet, organisés en différents modules (compétences émotionnelles, affirmation de soi, développement du bien-être), et j'ai été frappée de voir combien les élèves du collège étaient réceptifs aux exercices proposés. Certains exercices s'inspirent de ceux dispensés dans les écoles danoises. Ils ont pour but de créer une sécurité psychologique au sein de la classe, en apprenant aux élèves à se comprendre. Par exemple, lors d'un atelier, la psychothérapeute note sur un tableau différents reproches ou critiques que l'on pourrait faire à une personne, du type « tu ne penses qu'à toi, tu es tellement égoïste ». Ensuite, les jeunes doivent identifier les émotions et le motif véritable qui se trouvent derrière chaque accusation, afin de communiquer plus simplement avec les autres. Savoir identifier une émotion, apprendre comment la gérer et enfin comment la faire comprendre aux autres de la meilleure manière. Ainsi, « tu ne penses qu'à toi, tu es tellement égoïste » devient « quand tu n'as pas de temps pour moi, je me sens seul ; j'ai besoin que l'on passe plus de temps ensemble ». Le dialogue s'ouvre par une meilleure compréhension de l'autre. Les élèves s'en donnent à cœur joie : très naturellement, ils s'emparent des critiques inscrites sur le tableau pour les traduire en faisant preuve d'intelligence émotionnelle. Cela crée de l'espace dans la tête des enfants, les libérant de ce que l'on appelle la charge mentale. Cela améliore aussi l'apprentissage et l'écoute dans les cours de mathématiques ou d'histoire-géo.

Et les élèves du collège Jacques-Prévert, que pensent-ils de ces ateliers ? Nous avons mené avec eux des entretiens pour essayer de mieux évaluer la réception de cet enseignement. Tous insistent sur une chose, l'utilité de cet apprentissage bien au-delà de l'école. L'un des élèves l'exprime de cette manière : « J'ai réussi à contrôler mes émotions, pas tout le temps, mais beaucoup de fois il y a des situations où je lâche prise, j'arrive à mieux les réguler », tandis qu'un autre s'exclame : « Moi, l'atelier m'aide en permanence. Je retiens tous les conseils qu'on me donne et je les utilise tout le temps. C'est maintenant une habitude. Par exemple, quand je suis stressé, je fais les exercices de respiration. » Plus intéressant encore, une élève insiste sur l'effet positif que ces ateliers de bien-être ont eu sur ses réactions et sa compréhension du comportement des autres : « Si quelqu'un s'énerve contre moi, avant je me serais énervée, mais j'ai appris à reconnaître les émotions et à comprendre un peu comment fonctionne mon cerveau, du coup je sais que cette personne-là, faut pas aller trop loin avec elle, parce qu'elle va réagir plutôt comme ci ou comme ça. » Enfin, une autre élève souligne que grâce à ces ateliers elle arrive à « exprimer [ses] émotions sans [se] dire que les autres vont [la] juger », avant de conclure : « Je pense qu'on devrait faire ça dans le monde entier parce que vraiment ça changerait la vie… » Voilà un vœu réjouissant, qui se fait l'écho de celui du chercheur en sciences politiques Francis Fukuyama.

J'ai passé un an en immersion avec ce groupe d'élèves, tous volontaires, tous libres de quitter cet atelier dès qu'ils le souhaitaient. Au cours de l'année, j'ai observé une véritable transformation chez eux ; ils étaient plus à l'aise, plus solidaires, plus soudés, et surtout plus à l'écoute des autres… Je suis persuadée qu'ils n'oublieront pas cet apprentissage, au contraire, c'est une base qui les accompagnera toute leur vie.

Pour des cours d'empathie en France

Cette année d'immersion m'a permis de peaufiner un programme de cours destiné aux écoles françaises pour mettre en place de véritables cours d'empathie. Très réceptifs à mon approche, Mme Brun, la principale du collège Jacques-Prévert, et le conseil d'administration ont validé un projet de cours sur l'empathie et le bien-être pour la rentrée 2024 qui permettra d'expérimenter mon programme en collaboration avec Agnès Cornet. Convaincue que ce dernier pourrait intéresser d'autres établissements en France très rapidement, j'ai multiplié les rendez-vous avec le ministère de l'Éducation nationale et le rectorat de l'académie de Paris. Je ne m'attendais pas à être aussi bien reçue ; j'avais peur de la méfiance que la nouveauté peut de temps en temps susciter en France comme ailleurs. J'ai senti chez tous mes interlocuteurs une véritable écoute, une réelle attention au programme que je porte. Tous se sont montrés d'ailleurs très enthousiastes vis-à-vis de mon approche, et désireux de la mettre en place, au moins de manière expérimentale. Plusieurs collèges, au fil des mois, ont accepté que je vienne à la rencontre du corps enseignant pour présenter mon projet.

Je me souviens d'une rencontre, importante, dans un de ces collèges à Paris, avec la principale et son directeur adjoint, ainsi que les professeurs venus en masse, contrairement à ce que l'on aurait pu attendre. C'est en voyant leur nombre, dans la salle de réunion, que j'ai compris à quel point le corps enseignant est non seulement sensibilisé mais demandeur, aspirant à ce que l'on axe davantage l'enseignement sur la dimension émotionnelle. Certains me l'ont confirmé, en m'avouant à demi-mot que l'une des problématiques actuelles est que l'enseignement est trop « sec », « désincarné ». C'est, je crois, un excellent indicateur, qui montre à quel point les regards ont changé en France sur cette question. Il y a vingt ans, on ne m'aurait peut-être même pas laissée parler. Mais aujourd'hui, nous sommes nombreux à avoir davantage conscience du pouvoir de l'empathie dans le bien-être d'une société.

36 heures : ma proposition pour une école de l'empathie

Le programme de cours que j'ai élaboré s'inspire donc de l'exemple danois et de certaines recherches, notamment celles menées par Rebecca Shankland, dont l'excellent ouvrage, *Le Monde caché des émotions*, propose des ateliers très concrets pour favoriser l'apprentissage de l'empathie chez les jeunes. Composé de 36 séances d'une heure, mon programme se structure autour de trois parties, dont chacune occupe un trimestre de l'année scolaire.

La première partie est centrée sur la connaissance de soi et de ses émotions. Cette étape initiale vise à aider les élèves à développer une meilleure compréhension de leurs propres émotions, de leurs motivations et de leurs réactions face à différentes situations. Et les attendus pédagogiques sont soigneusement conçus pour guider les élèves dans cette exploration introspective et les aider à renforcer leur intelligence émotionnelle. Par exemple, pour la séance *Pourquoi est-il important de se connaître soi-même ?*, les élèves sont invités à exprimer, à tour de rôle, la dernière fois qu'ils ont eu peur d'accomplir quelque chose, et à dire quel regard ils ont porté sur eux à ce moment-là. L'objectif est de les amener à travailler sur eux-mêmes à partir de situations concrètes, et surtout à découvrir que leurs camarades sont confrontés aux mêmes ressentis, aux mêmes sentiments qu'eux, même s'ils le montrent différemment.

La deuxième partie se concentre sur le développement de l'empathie dans nos relations avec les autres. Cette étape vise à aider les élèves à acquérir les compétences nécessaires pour comprendre et soutenir émotionnellement leurs pairs, en créant des liens empathiques et en favorisant un climat scolaire positif. Cette fois, les attendus pédagogiques de cette partie visent à encourager la bienveillance, la coopération et la communication efficace entre les élèves. Lors d'une séance, ceux-ci sont ainsi amenés à découvrir comment on peut engager, de différentes façons, une conversation avec une personne que l'on ne connaît pas. Dans un exercice par binômes, dit de la rencontre « express », chaque élève a deux minutes pour se présenter à l'autre.

Enfin, la troisième partie du programme se concentre sur la culture du bien-être et du bonheur au quotidien. Elle vise à aider les élèves à développer une perspective positive sur la vie, à cultiver des habitudes de bien-être émotionnel et à adopter des pratiques qui favorisent leur épanouissement personnel. Parmi les attendus pédagogiques, on trouve la résilience émotionnelle, l'estime de soi et la recherche du bonheur authentique. Ainsi, dans un exercice dit du « journal de gratitude », les élèves sont encouragés à écrire trois choses pour lesquelles ils sont reconnaissants aujourd'hui. Une excellente manière de leur apprendre à se concentrer sur toutes les petites choses positives de la vie, sur lesquelles bien souvent nous fermons les yeux (toujours ce verre qu'on voit à moitié vide plutôt qu'à moitié plein).

36 heures, donc, pour apprendre l'intelligence émotionnelle à l'école. En complément d'une transmission efficace des connaissances, la priorité est en effet d'offrir à chaque enfant le sentiment d'être reconnu, légitime, et de le valoriser, de cultiver chez lui suffisamment de confiance pour qu'il ne se renferme pas, pour qu'il soit curieux, s'investisse à l'école, et plus tard dans la société. Pour que les élèves posent une question, aillent au tableau, partagent une opinion et se trompent sans craindre d'être jugés ou moqués. Qu'ils se sentent en sécurité. Qu'ils respectent les autres. Qu'ils soient sensibilisés aux différences. Qu'ils développent une conception inclusive de la communauté, où chacun, chacune, puisse trouver sa place. Qu'ils sachent ce qu'est le compromis, le

consentement. Qu'ils puissent dire oui ou non, librement. Qu'ils comprennent que la réalité est plurielle, qu'il vaut mieux s'engager pour sa cause que de chercher à combattre les autres. C'est dans ce lieu si unique, l'école, à cette période fondamentale de la vie, que se joue le développement de nos facultés humaines et sociales. De notre écoute. De notre bienveillance. Comme l'affirme Serge Tisseron[14], c'est à cet âge qu'il faut apprendre aux élèves à appréhender les « croyances » et les « désirs d'autrui », à imaginer leurs « intentions », à anticiper leurs « comportements ».

En m'inspirant de l'école danoise, je propose 36 heures annuelles pour que nos enfants deviennent des citoyens empathiques, confiants en eux-mêmes et en les autres. 36 heures pour faire du bien-être à l'école une réalité. 36 heures pour participer à la réussite de ceux qui sont déjà les citoyens de demain. Et j'attends avec beaucoup d'impatience la concrétisation de cette belle et grande initiative politique, révolutionnaire, en faveur de ce projet.

11
Pour un management de l'empathie

Avant de conclure, il me paraît important de préciser que l'empathie peut s'enseigner à tout âge. Cultiver l'empathie, c'est un peu comme apprendre une nouvelle langue, découvrir un nouveau sport : il est toujours possible de s'y mettre. J'ai passé vingt ans de ma vie dans des grandes entreprises, occupant différents postes de cadre. Durant ces expériences, j'ai constaté combien le niveau de performance était lié à la qualité du management. Bien manager son équipe, c'est en tirer le meilleur. Encore faut-il s'entendre sur ce que signifie « bien manager ».

Je l'ai dit auparavant, au vu des nombreux maux qui frappent actuellement l'entreprise et le marché de l'emploi, le management à la dure, celui qui peut nous faire rire dans la série *The Office*, ne correspond plus aux attentes des salariés. L'entreprise a besoin de se transformer, pour faire du bien-être un atout essentiel au service de la performance.

Projet Aristote, empathie, performance

« Projet Aristote » : c'est le nom, un peu mystérieux, donné à un projet de recherche destiné à établir un certain nombre de critères et d'éléments clés favorisant la performance d'une équipe. C'est en 2012 que le projet Aristote est lancé par le département People Operations de Google, avec pour objectif de comprendre ce qui distingue les équipes hautement performantes des autres. Pour réaliser cette étude, les chercheurs ont observé plusieurs centaines d'équipes différentes au sein de leur entreprise, et ont procédé à une collecte de données massive en tenant compte d'un certain nombre de paramètres, telles la composition d'une équipe, les compétences individuelles de ses membres et les différentes façons de la manager.

Que nous apprennent les résultats de cette étude ? Que la performance d'une équipe ne dépend pas des compétences techniques de ses membres ni de leur quotient intellectuel, mais plutôt de la qualité de leurs interactions sociales. Mieux encore, le projet Aristote a identifié cinq composantes essentielles pour une équipe performante : la sécurité psychologique, la fiabilité, la clarté du fonctionnement de l'équipe, le sens donné au travail de chacun et l'impact de ce dernier sur le monde. Parmi ces éléments, un facteur est apparu comme plus important que les autres, celui de la sécurité psychologique. Cette fameuse notion sur laquelle a travaillé la chercheuse de Harvard Amy Edmondson. Une sécurité qui permet de créer un environnement où les membres de l'équipe se sentent en confiance pour prendre des risques, exprimer leurs idées et être vulnérables sans craindre des représailles.

De surcroît, le projet Aristote a mis en lumière le rôle crucial de l'empathie dans la création d'une « culture » de sécurité psychologique. Car les gestionnaires qui ont manifesté de l'empathie envers leurs équipes, ceux qui se sont montrés le plus à l'écoute de leurs préoccupations – toujours voir, comprendre et accepter –, sont aussi ceux qui ont le plus contribué à créer un environnement favorable à la performance… De quoi avoir envie de la cultiver au sein des entreprises, n'est-ce pas ?

Depuis, des projets similaires ont été menés dans différents groupes pour explorer comment les principes de sécurité psychologique, de fiabilité et d'empathie peuvent améliorer la performance. Par exemple, des entreprises de technologie, de soins de santé ou de finance ont mené des initiatives similaires pour promouvoir un leadership empathique et un environnement de travail favorisant le bien-être des employés. Récemment, plusieurs études[15] ont démontré que, dans un milieu professionnel empathique, l'engagement des employés augmente de 76 %, leur capacité à innover de 67 %, leur degré de collaboration en équipe de 57 %, et leur productivité de 50 %. Favoriser le bien-être des employés grâce à l'empathie est le meilleur moyen d'optimiser leur engagement et leur fidélisation. Tous ces projets montrent que le bien-être et l'empathie sont des facteurs essentiels pour stimuler la créativité, la productivité et donner envie aux talents de rester au sein des organismes.

Le projet Aristote confirme donc l'importance du bien-être et de l'empathie dans le management pour créer une entreprise performante. Se sentir comme faisant partie d'un projet collectif. Savoir que l'on est vu, compris et accepté par les autres (ses supérieurs autant que ses collègues). Avoir le sentiment d'être reconnu, d'être à sa place et d'être encouragé. Pouvoir être corrigé sans avoir l'impression d'être jugé… Voilà comment l'empathie transforme le management. Voilà comment elle produit, au sein des équipes, du bien-être. Voilà aussi pourquoi le temps du « management viril », comme l'écrit l'entrepreneuse Belinda Parmar[16], doit laisser la place à « l'ère de l'empathie ». Ses conclusions appellent à une transformation des méthodes et des pratiques, pour les aligner avec les attentes de notre siècle.

Les dirigeants dans la boucle

Le management est une affaire très complexe, qui implique la gestion de personnes dotées de personnalité, d'émotions et de besoins très différents. La plupart des managers sont confrontés à une diversité de missions, qui vont de la résolution de conflits à la motivation des employés, en passant par la prise de décisions cruciales pour l'entreprise. Il leur faut être capables de faire avancer dans le même sens les salariés, tout en reconnaissant les succès de chacun et en stimulant leur créativité, de véritables défis. Or ces défis ne peuvent être relevés en suivant uniquement des règles prédéfinies. Ce serait trop simple et trop beau s'il existait un manuel pratique destiné aux managers, qui, pour chaque situation, apportait la bonne solution. Nous en rêverions mais c'est impossible, car chaque situation est unique, d'où l'importance de cultiver une intelligence émotionnelle spécifique, l'empathie, seule capable de concilier bien-être, sécurité psychologique et performance.

De nombreuses entreprises ont conscience de cette nécessité, mais elles commettent un certain nombre d'erreurs pour y répondre. L'une des plus fréquentes consiste à mettre en place, au sein du milieu professionnel, une stratégie de bien-être trop générale et abstraite. Une approche du bien-être qui reste purement intellectuelle, avec un plan de communication, mais qui ne change pas réellement les comportements.

L'autre erreur consiste souvent à dispenser une formation uniquement à la direction et aux membres du comité exécutif, ce qui ne permet pas de résoudre toutes les difficultés inhérentes à la diffusion d'une nouvelle culture auprès de tous les collaborateurs. Un environnement de travail est un peu comme un champ bien labouré : pour qu'une nouvelle culture puisse s'implanter et prospérer, il faut prendre soin de toutes les plantes, s'assurer que chacune pousse dans le même sol. Enfin, le plus souvent, il y a un manque de motivation personnelle pour changer concrètement la façon de voir et de faire les choses, ainsi qu'un manque d'incarnation des valeurs liées au bien-être de la part des équipes dirigeantes.

Un bon manager est avant tout un manager qui connaît son « mode de fonctionnement », qui a conscience de ses propres valeurs, de ses croyances, de ses forces comme de ses faiblesses, avec la capacité de comprendre celles des autres pour favoriser la cohésion d'équipe et réduire les conflits. C'est quelqu'un qui sait établir un climat de sécurité psychologique et de confiance, garant d'une implication individuelle accrue et d'une meilleure performance. Il est bien sûr essentiel de définir le but commun et le sens de l'entreprise dans le respect du sens que chaque salarié donne à sa propre vie, pour augmenter l'engagement personnel et collectif.

Il m'est souvent arrivé de constater que les conflits étaient liés au fait que les managers n'avaient pas conscience de leurs propres travers ni des ressorts émotionnels de leurs réactions, ce qui complique grandement une prise de décision objective. Pour changer les entreprises, il est donc nécessaire d'accompagner ceux qui les dirigent à mieux se comprendre, afin de les aider à mieux comprendre les autres. Une fois encore, le modèle danois, qui place la sécurité psychologique, l'empathie et le bien-être au cœur des relations humaines, peut servir d'exemple.

L'empathie, horizon du nouveau management

L'apprentissage de l'empathie constitue donc également un véritable besoin chez les adultes dans le monde professionnel. 85 % des employés disent devoir gérer des conflits parfois, souvent ou tout le temps, et 49 % des sources de conflit sont des problèmes d'ego et de rivalités personnelles[17]. Dans une mission que j'ai accomplie pour une grande entreprise en Europe, les membres du comité de direction se plaignaient de ne jamais recevoir de reconnaissance de leur directeur général et manifestaient de la démotivation. En les interrogeant, je me suis rendu compte que personne dans l'équipe n'avait jamais osé le lui dire, par peur d'être jugé « puéril » ou comme quelqu'un qui manque de confiance en soi. Surtout, ce qui était le plus intéressant, c'était la perception du directeur général sur la reconnaissance, qui expliquait en partie son attitude : « Je n'ai jamais reçu de compliments de la part de mes parents ou de mon entourage donc je n'y pense jamais, et surtout, moi-même, j'ai appris à faire sans », m'a-t-il confié. Grâce à notre travail, il a fini par réaliser l'incompréhension et le malaise que pouvait provoquer l'écart entre ses propres besoins et les besoins de son équipe. C'est ainsi qu'il a pu ajuster sa méthode de management pour ne pas perdre des talents et créer une culture de sécurité psychologique et de dialogue. L'autre aspect intéressant dans cette démarche était de comprendre ce que les membres de la direction souhaitaient comme signe de reconnaissance, car nous n'avons pas tous les mêmes références quand il s'agit de se sentir valorisé ou apprécié par une autre personne. Est-ce que cela passe par un compliment formulé de manière orale ? Par une lettre écrite ou un diplôme ? Faut-il que des personnes autour soient témoins de la reconnaissance ? Pour certains, ce ne sont pas les paroles ou les compliments qui comptent, mais plutôt l'attention accordée et le temps passé avec la personne. Cela peut prendre la forme d'un déjeuner ou simplement d'un café. Pour d'autres, la reconnaissance réside dans la flexibilité mise en œuvre s'agissant de leurs conditions de travail, par exemple l'autorisation à être en télétravail le vendredi ou le lundi. En bref, concrétiser cette dimension humaine qui manque parfois aux entreprises. Enfin, il y a aussi ceux qui se sentent valorisés et reconnus par le biais d'une augmentation de salaire ou d'un bonus. Un dirigeant ne peut pas passer sa vie à deviner les préférences de tout le monde ; l'idée est donc que les membres de l'équipe fassent un effort de communication et se sentent responsables de cette compréhension mutuelle.

C'est un point cardinal sur lequel j'insiste à chaque fois : la connaissance de soi est indispensable pour parvenir à créer une atmosphère de travail sécurisante. Dans cette perspective, une de mes méthodes originales repose sur le « système de navigation » ; elle pousse chaque collaborateur à identifier précisément les valeurs qui l'habitent et qui orientent ses décisions. C'est une bonne façon de se connaître soi-même, pour gérer de manière consciente ses responsabilités, tout en apprenant à collaborer efficacement avec les autres. Je me souviens par exemple de ce cadre dont la valeur principale était la justice. Nos valeurs sont un atout, mais elles peuvent aussi être un piège, en nous poussant à remarquer toujours ce qui n'y correspond pas. Ainsi, ce cadre attaché à la justice voyait de l'injustice partout. Il avait un niveau de frustration et de conflit extrêmement élevé, car il estimait détenir de manière générale la « vérité » sur la justice du monde. En prenant conscience des nombreuses conséquences très négatives de cet état d'esprit, le dirigeant a pu ajuster sa perception de la justice et ouvrir son esprit à la pluralité et à la nuance.

Une autre astuce que je donne régulièrement, c'est celle du « mini-tribunal », très utile pour examiner si nos certitudes et arguments pourraient réellement l'emporter devant un juge, une défense en face et des preuves contraires. L'idée, avec ce mini-tribunal, c'est de forcer les collaborateurs à toujours apporter cette nuance si chère à Étienne Klein, en devenant juge et critique de son propre regard, de ses propres croyances. En un mot, à faire preuve d'intelligence émotionnelle, d'empathie.

Repenser le management doit être une priorité. Un management en ligne avec les aspirations individuelles. Un management fondé sur l'écoute et la compréhension de l'autre. Un management de confiance et non de méfiance. Un management empathique, qui prend en compte les relations interindividuelles, donne aux employés le sentiment d'être vus, compris et acceptés, et qui, par la considération et l'écoute, encourage l'engagement et la performance.

Conclusion

J'ai commencé ce livre en citant ce chiffre : plus d'un Français sur deux estime que « l'enfer, c'est les autres ». Mais pour moi, ce n'est pas une fatalité : en réalité toutes les solutions sont déjà là, disponibles et prêtes à l'emploi.

Cette transformation ne peut pas seulement être la responsabilité du gouvernement ou des institutions, elle doit aussi venir de chacun de nous. D'une envie de changer les choses par notre propre initiative et par l'effort que cela demande de se connaître soi-même et de prendre le temps de voir, de comprendre et d'accepter les autres.

Repliés sur eux-mêmes, les êtres humains sont un peu comme dans la caverne de Platon. Ils regardent les ombres passer et pensent que leur regard fait réalité. Que leur vérité vaut Vérité. « De toutes les illusions, la plus périlleuse consiste à penser qu'il n'existe qu'une seule réalité[1] », écrit Paul Watzlawick, psychothérapeute et sociologue d'origine autrichienne que j'aime particulièrement. C'est en effet cette « illusion » qui contribue à forger nos certitudes, à nous rendre radicaux ou à penser être les seuls juges du bien ou du mal. Ceci nourrit le conflit au sein des entreprises, des administrations et dans la vie quotidienne. Nous ne sommes pas l'autre. Et il ne s'agit pas de le devenir, simplement de rompre avec cette illusion en acceptant d'ouvrir les yeux, de sortir de la caverne, de briser les chaînes de notre égocentrisme. Voir l'autre, observer le monde et sa richesse. Nous sommes capables de bien autre chose que de nous renfermer, de nous méfier des autres, de nous accrocher à nos certitudes. Ce n'est pas un chemin facile, mais c'est un chemin salutaire pour soi et pour la société.

Le Danemark, pays dans lequel je suis née et où j'ai grandi, a fait de l'empathie un enseignement à part entière à l'école. Cet enseignement est la trace d'un héritage philosophique et culturel important, celui de Nikolai Frederik

Grundtvig. Sa vision d'une éducation centrée sur le développement émotionnel, intellectuel et artistique de l'individu, la compréhension des autres et la construction d'une société solidaire est plus que jamais d'actualité. Son influence se ressent à travers le pays, non seulement dans les écoles, mais également dans la manière dont la société danoise aborde les défis contemporains. Le Danemark incarne ainsi le potentiel d'une éducation axée sur l'empathie, la compassion et la compréhension mutuelle pour bâtir un avenir meilleur.

L'empathie au Danemark n'est pas seulement une réalité dans les écoles, elle a également essaimé dans la société. La formation des enseignants et la sensibilisation à l'empathie sont encouragées à tous les niveaux de l'éducation, des écoles maternelles aux universités. Cette diffusion de l'empathie a des répercussions profondes sur la manière dont les Danois interagissent les uns avec les autres, que ce soit dans le milieu professionnel, au sein de leur communauté ou de leur propre foyer. Un exemple parlant de notre philosophie du débat vient de Clément Kjersgaard, animateur de l'émission politique la plus populaire au Danemark, *Vis ses hos Clement*. Il dit toujours : « Plus vous êtes en désaccord avec quelqu'un, plus vous devez rester courtois. » En un mot, respecter l'autre qui n'est rien de plus ni de moins qu'une autre version possible de soi.

Cette propagation de l'empathie au Danemark est également perceptible dans les relations internationales. En tant que nation, ce pays est souvent perçu comme un médiateur efficace dans les conflits internationaux, en grande partie grâce à sa capacité à comprendre et à dialoguer avec les diverses parties prenantes. Cette approche empathique a contribué à la stabilité du Danemark et à sa réputation en tant qu'État axé sur la paix et la coopération.

C'est pourquoi le Danemark me semble pouvoir servir de modèle et de source d'inspiration. Il ne s'agit pas de reproduire exactement les mêmes enseignements, mais bien de les adapter à la société française, au système scolaire et aux entreprises de la France. Car les effets positifs sont nombreux et évidents sur la réussite des individus, sur leur bien-être aussi.

Mon souhait le plus profond, c'est que chacun de nous s'engage dans le projet d'une société plus empathique.

Il ne s'agit évidemment pas de tout accepter, de tout comprendre ou de prôner une liberté totale, encore moins de faire de soi l'esclave de l'autre. Au contraire, l'idée est de se libérer. De s'apprivoiser soi-même, pour être en paix avec l'existence de l'autre et lui laisser sa place. Accepter qu'il y ait des gens très différents dans le monde, en faire le constat lucide et serein, et avoir l'humilité de se rappeler à chaque instant que notre manière de voir la vie n'est pas la seule. Notre perception de la réalité est une petite fraction d'une immense réalité disponible. La vie et la réalité sont infiniment nuancées, et c'est une immense richesse que d'en avoir conscience. Comme l'écrit Albert Camus, cité par Jean Birnbaum dans son livre *Le Courage de la nuance*[2] : « Nous étouffons parmi des gens qui pensent avoir absolument raison. »

Il s'agit, aussi, de faire naître un projet collectif porteur de sens, qui donne envie de se battre *pour* et non *contre* les choses. Mettre l'accent sur la qualité de nos relations avec les autres. Plusieurs études le démontrent, y compris celle de l'université de Harvard menée sur soixante-quinze ans[3] : l'élément qui influence le plus notre bien-être tout au long de la vie, c'est notre capacité à cultiver des bonnes relations avec les autres, y compris ceux avec qui nous ne partageons rien a priori. Que les générations futures ressemblent à ces « tisserands » du social dont parle Abdennour Bidar[4].

Le 27 septembre 2023, Gabriel Attal, ministre de l'Éducation nationale, a annoncé l'instauration de cours d'empathie à l'école, afin de prévenir le harcèlement dès le plus jeune âge[5]. C'est un grand pas fait sur la voie de l'empathie, plus qu'encourageant.

Car c'est bien la vertu de cette belle compétence psychosociale : faciliter nos relations avec les autres. Cela vaut pour l'école, et plus largement pour la société dans son ensemble.

L'empathie est en effet le pilier d'une démocratie qui fonctionne, elle permet aux citoyens de s'écouter et de coopérer. Elle est aussi une base fondamentale pour la performance en milieu professionnel, surtout lorsque 85 % des collaborateurs déclarent devoir gérer des conflits régulièrement[6]. L'enseignement « à la danoise » est un modèle qui pourrait largement enrichir et renforcer le système scolaire français, tout en bénéficiant aux citoyens et à la démocratie.

C'est bien la solution que je défends, mais pas seulement. En tant qu'intelligence, l'empathie doit pouvoir s'apprendre et se transmettre à tous les âges, elle doit être reconnue à sa juste valeur : une clé pour améliorer le bien-être, la qualité de nos liens, de notre société, notre capacité d'engagement, notamment dans les entreprises.

Il s'agit donc, en commençant par l'école, de faire en sorte que la société française du XXIe siècle soit empathique. Qu'elle soit humaine. Que l'école française de la République fasse naître la confiance en soi et en l'autre, l'ouverture d'esprit, le sentiment de solidarité et de responsabilité individuelle, dans un projet collectif qui s'appelle la France.

Remerciements

C'est avec une profonde gratitude que je souhaite remercier tous ceux qui ont rendu possible la réalisation de mon livre. Empreint de toute ma sensibilité, et d'un profond engagement pour la France, ce projet a été façonné par les différentes rencontres qui ont jalonné ma vie et lui ont donné du sens.

En premier lieu, il y a ma mère, Birgit. Depuis ma naissance, elle est mon guide dans l'apprentissage de l'empathie, enseignant avec amour et une attention infinie la valeur de l'autre. C'est grâce à elle que j'ai pu construire des relations saines avec ceux qui m'entourent et trouver dans la vie tout l'épanouissement nécessaire. Ma reconnaissance et ma gratitude lui reviennent.

Je remercie particulièrement mon frère, Jesper, qui a toujours été d'un très grand soutien, et a toujours constitué pour moi une source d'inspiration. Sa présence bienveillante m'aide à affronter les moments de doute et à prendre la meilleure décision possible.

À mes amis proches, j'adresse une reconnaissance chaleureuse. Leurs encouragements et leurs conseils m'ont donné la force de persévérer, ces dernières années, dans mon engagement pour transformer l'école française et améliorer le bien-être dans la société. Merci à eux tous.

Je souhaite exprimer ma profonde gratitude envers Victor Dumiot, dont l'aide inestimable a été présente depuis la genèse jusqu'à l'achèvement de l'écriture de ce livre. Son regard précieux et ses inspirations ont permis de nourrir et d'enrichir ce projet.

Un immense merci à Susanna Lea, qui a défendu avec passion et conviction, depuis le début, mon projet de cours sur l'empathie à l'école. C'est grâce à son engagement que ce livre a pu être publié dans les meilleures conditions, et cela n'a pas de prix.

Un grand merci à Assaël Adary, fondateur du cabinet de sondage Occurrence, qui avec sa générosité et son analyse fine m'a accompagné dans ce projet en réalisant un sondage auprès des Français au sujet de l'empathie.

Je tiens également à remercier toute l'équipe des Presses de la Cité pour ses conseils avisés, et cette belle première collaboration. C'est une joie de travailler avec des gens aussi passionnés que talentueux, dont les qualités professionnelles ont contribué à la qualité de ce projet.

Je souhaite, enfin, exprimer ma gratitude à tous ceux qui, de près ou de loin, ont contribué à donner vie à ce livre. Tous ceux dont le soutien, la simple conversation, la rencontre, ont été d'une aide inestimable. Je suis très heureuse de partager avec vous ce livre pour l'empathie et le bien-être.

Bibliographie indicative

ABTAN Benjamin, MEZETIER Sandrine, « De l'arrogance en politique », *Libération*, février 2012.

BASTIÉ Eugénie, *La Guerre des idées*, Robert Laffont, 2021.

BCG et BVA, Generative Leadership, enquête d'octobre 2020 et juillet 2021.

BIDAR Abdennour, *Les Tisserands : réparer ensemble le tissu déchiré du monde*, Les Liens qui libèrent, 2016.

BLOOM Paul, *Against Empathy*, Vintage, 2016.

BOURDIEU Pierre, *La Distinction : critique sociale du jugement*, Éditions de Minuit, 1979.

BRONNER Gérald, *Apocalypse cognitive*, Paris, PUF, 2021.

BUGGE K. E., « The International Dissemination of Grundtvig's Educational Ideas. II: A World Map of Folk High Schools », *Grundtvig-Studier*, vol. 64, nº 1, 2013, p. 76-91.

CAUTRÈS Bruno et ROUBAN Luc, « La gestion de la crise sanitaire en France au miroir de la défiance politique et d'une société mondiale » CAE, 2021.

CEKIC Özlem Sara, *Tak for kaffe*, Politikens Forlag, 2021.

CEVIPOF, « La démocratie au risque de la tentation identitaire », vague 13, janvier 2022.

Chartered Institute of Personnel and Development, OPP, « Combattre, contourner ou esquiver ? Pour une gestion efficace des conflits dans le monde du travail », juillet 2008.

CRAVERI Benedetta, *L'Âge de la conversation*, Paris, Gallimard, 2005.

CURBY Timothy W., RIMM-KAUFMAN Sara E. et ABRY Tashia, « Do emotional support and classroom organization earlier in the year set the stage for higher quality instruction? », *Journal of School Psychology*, vol. 51, n° 5, octobre 2013, p. 557-569.

DANZIGER Nicolas, *Vivre sans la douleur ?*, Odile Jacob, 2010.

KOENIG Gaspard, « Apprendre à se passer de Jupiter », *Les Échos*, 21 juin 2022.

EL DIFRAOUI Abdelasiem et UHLMANN Milena, « Prévention de la radicalisation et déradicalisation : les modèles allemand, britannique et danois », *Politique étrangère*, Hiver, n° 4, Institut français des relations internationales, 2015, p. 171-182.

FUKUYAMA Francis, *The Origins of Political Order. From Prehuman Times to the French Revolution*, New York, Farrar, Straus and Giroux, 2011.

GARRIGUES Jean, « Notre démocratie fatiguée suscite un besoin urgent de dialogue, de débat apaisé », *Le Monde*, 19 juillet 2022.

GEORGIEFF Nicolas, « Intérêts de la notion de “théorie de l’esprit” pour la psychopathologie », *La Psychiatrie de l’enfant*, vol. 48, nº 2, PUF, 2005, p. 341-371.

HOCHMANN Jacques, *Une histoire de l’empathie*, Odile Jacob, 2012.

JUNG Carl Gustav, *L’Âme et la Vie*, LGF, « Livre de Poche », 1995.

JUUL Jesper, HØEG Peter, JENSEN Helle, BERTELSEN Jes, STUBBERUP Michael, HILDEBRANDT Steen et KLINE Mark, *Empathy: it’s what holds the world together*, Morawa Lesezirkel, 2016.

LELIÈVRE Claude, *L’École d’aujourd’hui à la lumière de l’Histoire : contre-vérités et surprises*, Odile Jacob, 2021.

LANGLOIS Roberte, « Nikolay Frederik Severin Grundtvig », dans *Les Précurseurs de l’oralité scolaire en Europe : de l’oral à la parole vivante*, Mont-Saint-Aignan, Presses universitaires de Rouen et du Havre, coll. « Hors collection », 2018, p. 119-147.

NARME Pauline *et al.,* « Vers une approche neuropsychologique de l’empathie », *Revue de neuro-*

psychologie, vol. 2, n° 4, John Libbey Eurotext, 2010, p. 292-298.

NGUYEN Thuy Phong « La qualité de vie et le bien-être en France : quelle place dans les textes officiels ? », CNESCO, 2016.

Occurence, *Les Français et l'empathie*, sondage réalisé en juillet 2022.

OpinionWay pour Empreinte Humaine, 9e vague de baromètre de la santé psychologique des salariés en période de crise, 2022.

PROKOFIEVA Victoria *et al.*, « Stress de l'évaluation scolaire : un nouveau regard sur un problème ancien », *Recherches & éducations*, octobre 2017.

RAUSER Frederic, « L'éducation au Danemark », *Revue internationale d'éducation de Sèvres*, n° 36, France Education international, 1er septembre 2004, p. 175-182.

« Regards sur l'éducation », OCDE, 2018.

RIFKIN Jeremy, *Une nouvelle conscience pour un monde en crise : vers une civilisation de l'empathie*, Actes Sud, 2012.

TISSERON Serge, *Empathie et manipulations : les pièges de la compassion*, Albin Michel, 2020.

Uddannelsesstatistik, *Eleverness trivsel – landsoverblik*, 2022.

ZAKI Jamil, *The War for Kindness: Building Empathy in a Fractured World*, New York, Crown, 2019.

ZANNA Omar, JARRY Bertrand et MARAÏ Rachid, *Cultiver l'empathie à l'école*, Dunod, 2020.

ZANNA Omar et MARAÏ Rachid, *L'Éducation émotionnelle pour prévenir la violence : pour une pédagogie de l'empathie*, Dunod, 2019.

ZANNA Omar, « Le rituel du passage au tableau : une modalité d'évaluation de l'ambiance empathique de la classe », *Les Violences scolaires d'aujourd'hui en question*, L'Harmattan, 2018.

ZIMMERMANN Mathieu, « Neurophysiology of Sensory System », *Fundamentals of Physiology*, Springer, 1986, p. 66-116.

Ressources numériques

« L'empathie est la compétence de leadership la plus importante selon les recherches », sur FORBES, 24 avril 2022.

« Les chiffres de la délinquance en nette augmentation au premier semestre », sur LE POINT, 29 juillet 2021.https://www.lepoint.fr/politique/les-chiffres-de-la-delinquance-en-nette-augmentation-au-premier-semestre-29-07-2021-2437216_20.php

« Les Français jugent la société minée par l'individualisme », sur LE FIGARO, rubrique « Société », 15 juillet 2013.

« Les violences contre les élus en forte hausse en 2021 », sur FRANCE BLEU, 11 janvier 2022.

« Özlem Cekic vil lære os dialogens kunst: Jeg haglede selv et forslag ned, fordi det kom fra Konservative. I dag krummer jeg tæer » sur ALTINGET, 17 août2021.
« The secret to happiness? Here's some advice on the longest running study on happiness » sur HARVARD HEALTH BLOG, 5 octobre 2017.
World Happiness Report, *Happiness benevolence and trust during Covid and beyond*, 2022.

Notes bibliographiques

Avant-propos

1. https://www.cci.fr/actualites/avez-vous-deja-ete-confronte-la-nouvelle-tendance-du-quiet-quitting

2. https://www.meteojob.com/blog-emploi/actualites-de-lemploi/en-2023-23-des-francais-envisagent-de-changer-de-job-quelles-sont

3. https://www.bcg.com/press/4february2021-good-business-leader-is-visionary-but-also-human

4. https://www.forbes.fr/management/lempathie-est-la-competence-de-leadership-la-plus-importante-selon-les-recherches

I. Comprendre l'empathie

1. Qu'est-ce que l'empathie ?

1. Jacques Hochmann, *Une histoire de l'empathie*, Odile Jacob, 2012.
2. https://www.philomag.com/articles/einfuhlung
3. Nicolas Danziger, *Vivre sans la douleur*, Odile Jacob, 2010.
4. Voir Pauline Narme *et al.*, « Vers une approche neuropsychologique de l'empathie », *Revue de neuropsychologie*, vol. 2, n° 4, John Libbey Eurotext, 2010, p. 292-298.

2. Comment nous faisons obstacle à l'empathie

5. Carl Gustav Jung, *L'Âme et la Vie*, LGF, Le Livre de Poche, 1995.
6. Mathieu Zimmermann, « Neurophysiology of Sensory System », in *Fundamentals of Sensory Physiology*, springer 1986, p. 66-116.
7. Gérald Bronner, *Apocalypse cognitive : la face obscure de notre cerveau*, PUF, 2021.

3. Les pouvoirs de l'empathie

8. Paul Bloom, *Against Empathy: The Case for Rational Compassion*, Vintage, 2016.
9. Nelson Mandela, *Un long chemin vers la liberté*, Le Livre de poche, 1996.

10. Benedetta Craveri, *L'Âge de la conversation*, Gallimard, 2005.

11. Eugénie Bastié, *La Guerre des idées : enquête au cœur de l'intelligentsia française*, Robert Laffont, 2021.

12. *Idem*, p. 27-28.

13. Gaspard Koenig, « Apprendre à se passer de Jupiter », *Les Échos*, 21 juin 2022.

14. https://www.brut.media/fr/news/l-importance-de-la-nuance-selon-etienne-klein-3cdf30c7-3492-4dc6-8445-706fbcbd5aa4

15. Paul Bloom, *Against Empathy: The Case for Rational Compassion*, *op. cit.*, p. 29 « Empathy can be good… but it's a poor moral guide. »

16. https://www.lepoint.fr/postillon/harcelement-scolaire-les-formations-a-l-empathie-n-ont-pratiquement-aucun-effet-29-09-2023-2537350_3961.php

17. Serge Tisseron, *Empathie et Manipulations : les pièges de la compassion*, Albin Michel, 2020.

II. La France en manque d'empathie

4. La société française en manque d'empathie

1. https://www.tf1info.fr/societe/isolement-troubles-du-langage-manque-d-empathie-comment-l-exposition-aux-ecrans-affecte-le-developpement-psychologique-des-enfants-2259338.html

2. Sur ce sujet, lire : Pierre Merle, « L'évaluation par les notes : quelle fiabilité et quelles réformes ? » in *Regards croisés sur l'économie*, vol. 12, n° 2, La Découverte, 2012, p. 218-230.

3. Voir Omar Zanna, « Le rituel du passage au tableau : une modalité d'évaluation de l'ambiance empathique de la classe », *Les Violences scolaires d'aujourd'hui en question*, L'Harmattan, 2018.

4. Voir à ce sujet le rapport Debarbieux, « Refuser l'oppression quotidienne : la prévention du harcèlement à l'école », 2011. Consultable à l'adresse suivante : https://www.education.gouv.fr/refuser-l-oppression-quotidienne-la-prevention-du-harcelement-l-ecole-rapport-d-eric-debarbieux-2144

5. https://www.cafepedagogique.net/2023/06/12/le-harcelement-en-milieu-scolaire-nest-pas-que-du-harcelement-scolaire/

6. https://www.education.gouv.fr/un-collegien-sur-cinq-concerne-par-la-cyberviolence-3815

7. Béatrice Copper-Royer, *Peur du loup, peur de tout*, LGF, Le Livre de Poche, 2013.

8. Sembel Nicolas, Amigues René, Kherroubi Martine, « Le travail scolaire », in *Recherche & Formation*, n° 44, 2003. *Les pratiques de la classe en milieux difficiles*, p. 125-135.

9. Thuy Phong Nguyen, « La qualité de vie et le bien-être en France : quelle place dans les textes officiels ? », Cnesco, 2016.

10. https://www.inegalites.fr/Comment-l-elitisme-social-est-maquille-en-elitisme-republicain

11. « Regards sur l'éducation », OCDE, 2018.

12. https://www.lepoint.fr/education/claude-lelievre-la-france-est-le-seul-pays-occidental-a-recourir-aux-concours-03-07-2019-2322319_3584.php

13. Claude Lelièvre, *L'École d'aujourd'hui à la lumière de l'Histoire : contre-vérités et surprises*, Odile Jacob, 2021.

14. François Dubet, *L'École des chances. Qu'est-ce qu'une école juste ?*, Seuil, 2004.

15. https://www.ouest-france.fr/education/entretien-vouloir-remporter-des-prix-c-est-le-reflet-d-une-societe-individualiste-e1222144-0a6c-11ec-8cc9-17f2879dca50

5. La société française et ses maux

16. https://www.sudouest.fr/economie/reforme-des-retraites/reforme-des-retraites-laurent-berger-regrette-le-manque-d-empathie-d-elisabeth-borne-13919732.php

17. Occurrence, *Les Français et l'empathie,* sondage réalisé en juillet 2022 auprès de 1 000 Français.

18. CEVIPOF, « La démocratie au risque de la tentation identitaire », vague 13, janvier 2022.

19. Luc Rouban, « La France : une République désintégrée ? », note « Le Baromètre de la

confiance politique », Sciences Po, CEVIPOF, vague 12, février 2021, p. 7.

20. L'expression est de Luc Rouban, *op. cit.*

21. Jérôme Fourquet, *L'Archipel français, naissance d'une nation multiple et divisée*, Seuil, 2019.

22. https://www.ifri.org/sites/default/files/atoms/files/hecker_djihadistes_un_jour_toujours_2021.pdf

23. CEVIPOF, « La démocratie au risque de la tentation identitaire », vague 13, janvier 2022.

24. Bruno Cautrès, Luc Rouban, « La gestion de la crise sanitaire en France au miroir de la défiance politique et d'une société mondiale », CAE, 2021.

6. Malaise dans les entreprises

25. Rapport Gallup 2022 « State of the Global Workplace » : https://www.gallup.com/workplace/349484/state-of-the-global-workplace-2022-report.aspx

26. Enquête BCG & BVA, octobre 2020 et juillet 2021. 9 000 répondants dans 9 pays : Brésil, Chili, Chine, France, Allemagne, Inde, Espagne, Royaume-Uni, États-Unis.

III. Empathique comme un Danois

7. L'apprentissage de l'empathie au Danemark

1. https://www.lesechos.fr/monde/enjeux-internationaux/les-progres-contre-la-corruption-quasi-nuls-dans-le-monde-selon-transparency-international-1165690

2. Jeremy Rifkin, *Une nouvelle conscience pour un monde en crise : vers une civilisation de l'empathie*, Les Liens qui libèrent, 2011.

3. Roberte Langlois, « Nikolai Frederik Severin Grundtvig », dans *Les Précurseurs de l'oralité scolaire en Europe : de l'oral à la parole vivante*, Mont-Saint-Aignan, Presses universitaires de Rouen et du Havre, 2018, p. 119-147.

4. Loi consultable à l'adresse suivante : https://www.retsinformation.dk/eli/lta/2020/1396

5. Voir : Frederic Rauser, « L'éducation au Danemark », dans *Revue internationale d'éducation de Sèvres*, n° 36, France Education international, 1er septembre 2004, p. 175-182.

6. https://ideas.repec.org/p/aah/aarhec/2020-13.html

7. https://seismonaut.com/project/themaryfoundationandsavethechildren

8. https://www.iledefrance.ars.sante.fr/du-cote-des-territoires-les-competences-psychosociales-pour-prevenir-le-harcelement-scolaire

9. https://www.friformobberi.dk/kurser/

10. https://lae.ligueparis.org/?view=article&id=203&catid=9

11. https://www.madmoizelle.com/fri-for-mobberi-le-programme-scandinave-pour-en-finir-avec-le-harcelement-scolaire-1499799

12. https://www.bfmtv.com/politique/plan-de-lutte-contre-le-harcelement-scolaire-gabriel-attal-annonce-la-mise-en-place-de-cours-d-empathie-a-l-ecole_VN-202309270671.html

8. Empathique comme un Danois

13. Aksel Sandemose, *En flyktning krysser sitt spor*, 1933.

14. Jean de La Fontaine, *Fables*, Livre I, 4, Gallimard, 2021.

15. « Humble persons are more helpful than less humble persons: Evidence from three stories », *Journal of Positive Psychology*, 2012.

16. https://transparency-france.org/2023/01/31/indice-de-perception-de-la-corruption-2022-face-a-une-corruption-qui-genere-plus-de-violences-et-de-desordres-dans-le-monde-la-france-ne-peut-pas-se-contenter-dune-21eme-place/

17. World Values Survey, 2015.

18. https://www.coe.int/fr/web/electoral-assistance/elecdata-denmark

19. « Les médias dans l'UE, confiance au Nord, défiance au Sud », *Le Point*, 17/11/2016, https://www.

lepoint.fr/monde/les-medias-dans-l-ue-confiance-au-nord-defiance-au-sud-17-11-2016-2083839_24.php

20. Özlem Cekic, *Tak for kaffe*, Politikens Forlag, 2021.

21. Abdennour Bidar, *Les Tisserands*, Les Liens qui libèrent, 2016.

IV. Enseigner l'empathie en France

9. Pour une école de l'empathie en France

1. Occurrence, *Les Français et l'empathie*, juillet 2022.

2. https://www.challenges.fr/education/sondage-exclusif-rentree-scolaire-67-des-francais-jugent-que-lecole-ne-fonctionne-plus_826028

3. https://www.nouvelobs.com/education/20220824.OBS62355/stress-anxiete-phobie-scolaire-au-secours-l-ecole-revient.html

4. https://www.francetvinfo.fr/monde/europe/allemagne/allemagne-quand-les-eleves-apprennent-le-bonheur-a-l-ecole_4119583.html

5. Claire F. Garandeau, Christina Salmivalli, « Le Programme Anti-Harcèlement KiVa », *Enfance*, 2018/3 (n° 3), p. 491-501.

6. https://rootsofempathy.org/testimonials/

7. Jesper Juul *et al.*, *Empathy: it's what holds the world together*, s. l., Morawa Lesezirkel, 2016.

8. Les programmes officiels sont consultables à l'adresse suivante :

https://eduscol.education.fr/1681/programmes-et-ressources-en-enseignement-moral-et-civique-voie-gt

9. https://www.santepubliquefrance.fr/docs/les-competences-psychosociales-un-referentiel-pour-un-deploiement-aupres-des-enfants-et-des-jeunes.-synthese-de-l-etat-des-connaissances-scientif

10. Omar Zanna, *Cultiver L'Empathie à l'école*, Dunod, 2019.

11. Voir Omar Zanna, Rachid Maraï, *L'Éducation émotionnelle pour prévenir la violence : pour une pédagogie de l'empathie*, Dunod, 2019.

12. https://www.lepoint.fr/education/apprendre-l-empathie-a-l-ecole-une-garantie-de-reussite-13-09-2022-2489760_3584.php

13. https://www.oecd.org/education/school/programmeforinternationalstudentassessment-pisa/34474406.pdf

10. L'empathie en 36 heures

14. Serge Tisseron, *op. cit.*

11. Pour un management de l'empathie

15. Gartner Research, « The Missing Element in Nearly Every Learning Strategy » ; Gallup, State

of the American Workplace Report ; Zak, Paul, The Neuroscience of Trust, Harvard Business Review, janvier 2017.

16. Belinda Parmar, *The Empathy Era: Women, Business and the New Pathway to Profit*, 2014.

17. Rapport de recherche mené par OPP, 2008.

Conclusion

1. Paul Watzlawick, *La Réalité de la réalité*, Seuil, 1978, p. 7.

2. Jean Birnbaum, *Le Courage de la nuance*, Seuil, 2021.

3. https://www.neonmag.fr/sante-psycho/pour-etre-heureux-dans-la-vie-nous-aurions-absolument-besoin-de-2-choses-selon-des-chercheurs-dharvard-559949

4. Abdennour Bidar, *op. cit.*

5. https://www.bfmtv.com/politique/plan-de-lutte-contre-le-harcelement-scolaire-gabriel-attal-annonce-la-mise-en-place-de-cours-d-empathie-a-l-ecole_VN-202309270671.html

6. https://www.holivia.fr/blog/11-facons-de-gerer-un-conflit-au-travail

Composition et mise en pages
Nord Compo à Villeneuve-d'Ascq

#lisez! engagé
www.lisez.com
Pour plus d'information :
Imprimé sur du papier issu de forêts gérées durablement.

CET OUVRAGE
A ÉTÉ ACHEVÉ D'IMPRIMER
SUR ROTO-PAGE
PAR L'IMPRIMERIE FLOCH
À MAYENNE EN JANVIER 2024

N° d'impression : 103994
Imprimé en France